ベルリン・オリンピック反対運動

フィリップ・ノエル＝ベーカーの闘いをたどる

青沼裕之
Aonuma Hiroyuki

BERLIN OLYMPIC

青弓社

ベルリン・オリンピック反対運動——フィリップ・ノエル＝ベーカーの闘いをたどる／目次

装丁――斉藤よしのぶ

序章　なぜベルリン・オリンピック反対運動を研究するのか

1　国家プロジェクトとしてのオリンピックとパラリンピック

巨大なメディア・スポーツ・イベントとしてのオリンピックとパラリンピック（以下、オリ・パラと略記）、三十数億人がテレビで視聴すると言われるオリ・パラ。現代のオリ・パラはさまざまな利害や思惑が交錯する政治的・経済的なイベントである。Citius（より速く）、Altius（より高く）、Fortius（より強く）をモットーとする近代オリンピックは、スピード、距離、得点などの客観的基準によって世界一を決定するという特性をもつために、選手を派遣している競技団体はプライドをかけて、選手を後援している企業は企業イメージの向上と利潤追求を目的として、そして選手派遣や準備の後押しをする官僚や政治家は民族的優越や国威発揚のために、オリ・パラにきわめて高い関心を払うことになる。オリ・パラは過去も現在も純粋にスポーツの祭典ではありえない。

しかも、現代の巨大化したオリ・パラが国家プロジェクトの様相を示すようになると、思わぬ問題が持ち上がることになった。一九八〇年のモスクワ大会と八四年のロサンゼルス大会は冷戦の擬似的戦場と化したし、二〇〇八年の北京大会では、中国政府によるチベット民族の武力弾圧への報復として聖火リレーがいたるところで妨害され、大会ボイコットを主張する個人や団体が各国に多数現れた。一六年のリオデジャネイロ大会では、選手村の建設・売買をめぐって不正取引があり、また競技会場中心部に近いという理由から、環境保護への配慮を必要とする湿地帯にゴルフコースを新設するという問題も起こった(1)。

これから開催予定の二〇二〇年東京オリ・パラも例外ではない。一一年三月十一日に発生した東北地方太平洋沖地震(東日本大震災)とそれに伴う福島第一原子力発電所事故への対策と復興がままならない状況下にあって、一三年九月七日にブエノスアイレスで開かれたIOC(国際オリンピック委員会)総会での最終プレゼンテーションで、安倍晋三首相は「汚染水は福島第一原発の〇・三平方キロメートルの港湾内に完全にブロックされている」と虚偽の発言までして、二〇年オリ・パラを東京都に招致しようとした。安倍首相はその後「復興五輪」と事あるごとに発言しているが、本音としては安倍内閣が進める成長戦略と首都東京再開発の起爆剤としてオリ・パラを招致したのである。現在は、晴海選手村用地(四百二十億円かけて整備した市場価格千六百億円強とされる土地)を大手不動産会社十一社に百二十億円強という十分の一以下の安値で売却した問題を含めて、財界の後押しを受けた安倍内閣と東京都は、法規を改定してまでも首都改造に邁進している。[2]

ではなぜ、近代オリンピックが百年以上にわたって続いてきたかと言えば、世界中の多くの人々がそれに魅了されてきたからである。すなわち、出場競技者が自己の限界に挑戦して偉大な成果を残してきたからであり、そしてそれに感動を覚える世界各国の多数のスポーツ愛好者や観衆がいたからであり、子どもたちに自分も将来彼らのようなアスリートになりたいという夢を与えてきたからである。さらに、そのときどきの大会で見られる選手同士の交流や友情物語に、人々がすがすがしくほほ笑ましい感情を呼び起こされたからである。例えば二〇一八年の平昌冬季大会で、五百メートルスピードスケート決勝戦後に見られた小平奈緒選手と韓国の李相花選手との友情あふれる交流が世界の多くの人々に友愛の感情を起こさせたことは記憶に新しい。そして、一般にあまり読まれていない「オリンピック憲章」は五項目のオリンピズムの根本原則を謳っていて、これは理想型として現代のスポーツ運動全般の指針になるものである。民主主義は未完の革命だと言われるが、オリンピズムもスポーツを通じての友情、連帯、フェアプレーの実践、人間の尊厳を重視した平和な社会の実現、などを求める永続的な民主主義運動理念と言える。オリ・パラは多くの問題を抱えているが、消滅させてしまうには惜しい重要な世界文化遺産なのである。[3]

2　ベルリン・オリンピック研究の蓄積

歴史的に見た場合、初めて国際政治の抗争の場になって人権や平和との関係が問われたオリンピックは一九三六年のベルリン大会だった。アドルフ・ヒトラー率いる国民社会主義ドイツ労働者党（ナチス）が大々的に関与したベルリン・オリンピックは、そのユダヤ人迫害や他国侵略のために、世界各国の平和運動家、政治家、芸術家、知識人、スポーツマンらが開催地の移転を要求し、それが不可能になった段階でバルセロナ人民オリンピアードの対抗開催が企てられるという前代未聞の大会となった。

ベルリン・オリンピックについては、これまで各国の研究者やジャーナリストがさまざまな視点から研究を蓄積してきた。それらを大まかに整理・分類すると、①ドイツ国内でのガルミッシュ・パルテンキルヒェン冬季大会とベルリン夏季大会の招致、準備、運営に対するナチスの干渉や圧力、巧妙な宣伝戦略に関する研究、②ベルリン・オリンピックをめぐる対独外交に関する研究、③ベルリン・オリンピック開催をめぐるIOC内の議論と各国オリンピック委員会や競技団体の対応についての研究、④ベルリン・オリンピックの聖火・開会行事、祭典映画、競技場面を詳細に分析した研究、⑤欧米などでのベルリン・オリンピック反対運動に関する研究、となるだろう。[4]ベルリン・オリンピックは政治的思惑が強い巨大なスポーツ・ページェントだったのだから、その研究も政治・外交、軍事、都市建設、芸術とスポーツをリンクして進められてきたのは当然のことだった。

　これらの研究からは、宣伝相ヨゼフ・ゲッベルスの手腕のもとにナチスがベルリン・オリンピックを巧妙に利用したこと、その結果、大会に出席したイギリスをはじめヨーロッパ諸国の外交官たちさえもドイツを文化国家だと認めたこと、世界新記録二十、オリンピック新記録百三十五という競技力レベルの驚異的な前進とともに、壮大なスタジアムや選手村の建設、聖火リレーの考案などによって近代オリンピックのモデルを形作ったこと、IOCや各国オリンピック委員会が「スポーツに政治を持ち込むな」の理念のもとにベルリン開催を擁護し続けたこと、ユダヤ人迫害や社会主義者、カトリック教徒の弾圧に憤激した人々や団体が各国でボイコット運動を展開したこと、ベルリンからの開催地移転が難しい状況下で、それに対抗するバルセロナ人民オリンピアードの開催が決定され、各国で準備が進められたこと、などが明らかにされてきた。

　ベルリン・オリンピックへのイギリスの対応に関わる研究に限ってみてもかなりの蓄積がある。それらの研究はベルリン・オリンピックだけを研究対象にしたものだけではなかったが、視野の広さと膨大な資料を渉猟した詳細な実証によって、イギリス政府・保守党、外務省、労働党と労働組合会議（TUC）、そしてイギリス・オリンピック協会や労働者スポーツ組織などの指導者たちが、ベルリン・オリンピックにどのように関与し影響

写真1　オリンピック・スタジアム貴賓席でナチ式敬礼をするアドルフ・ヒトラー
（出典：https://www.ushmm.org/lcmedia/photo/lc/image/73/73495.jpg［2019年7月15日　アクセス］）

写真2　聖火リレーは1936年ベルリン・オリンピックで創始された
（出　典：https://img.wennermedia.com/920-width/rs-berlin-1936-the-nazi-games-93559945-6794-49b2-8d1e-a11638f6869d.jpg［2019年7月15日アクセス］）

を及ぼしたのかを一定程度明らかにした[5]。当時のイギリスでは、ＩＯＣのベルリン・オリンピック開催決定に基づいて、イギリス・オリンピック協会や各競技団体がベルリンに代表団を派遣するのかどうかについて議論があり、またナチスのユダヤ人迫害や他国侵略に憤激した個人や団体が、ベルリン大会ボイコットからバルセロナ人民オリンピアードへの代表派遣の準備へと連なる運動を展開していて、ベルリン・オリンピック参加問題はイギリス政府・外務省などの関心事ともなっていたのである。

以上のようなベルリン・オリンピック研究の成果をふまえたうえで、本書が研究課題にするのは、イギリスでのベルリン・オリンピック反対運動の全貌を明らかにすることである。前述のとおり、一九三〇年代当時、ベルリン・オリンピックはさまざまな分野から異論・反論が出る重大な国際問題だったから、当然のこととして各分野で反対運動が展開された。しかし、この反対運動に関してはイギリスのスポーツ史研究でも政治史研究でも蓄積が少ない[6]。オリンピック反対運動はまだ主たる関心事とはなっていない現状にある。しかし、このテーマはオリンピック運動史でも国際政治史でも重要な研究課題であることは間違いないだろう。

3　本書の課題

イギリスのベルリン・オリンピック反対運動はイギリス労働者スポーツ協会（以下、英労スポーツ協会と略記）がリーダーシップを発揮して進めたが、この運動には国内外から多くの人々の関与があり、なかでもフィリップ・ノエル＝ベーカーとウォルター・シトリーンの影響力は絶大だった。

写真3　ベルリン・オリンピック記録映画『民族の祭典』のオープニングの一場面
（出典：http://cdn-ak.f.st-hatena.com/images/fotolife/M/Mad-Richard/20070702/20070702000352.jpg［2019年7月15日アクセス］）

写真4　レニ・リーフェンシュタールの記録映画撮影風景
（出典：https://cdn-ak.f.st-hatena.com/images/fotolife/M/Mad-Richard/20051026/20051026161911.jpg［2019年7月15日アクセス］）

本書では、英労スポーツ協会によるベルリン・オリンピック反対運動を中心に扱いながらも、これまでイギリスの研究者が扱ってこなかったこの二人の人物にも焦点を当てて、彼らをめぐる国際的な人的交流や運動の一端を明らかにしたい。

ノエル＝ベーカーは複数の顔をもっていて、労働党執行委員であり、反戦・平和運動家であり、イギリス・オリンピック協会役員でもあって、一九五九年にノーベル平和賞を受賞している。他方、ウォルター・シトリーンは、労働組合会議（TUC）総評議会の書記長であり国際労働組合連盟議長でもあるイギリス労働運動界の重鎮であった。[7]ベルリン・オリンピックは単なる国際的なスポーツ競技祭典の枠を超えて、ナチスの脅威に直面して世界各国で広範な抵抗運動を引き起こした一大イベントだったから、ノエル＝ベーカーもシトリーンも、各界からの要請に応えてこの運動に身を投じていくことになる。ノエル＝ベーカーはイギリス・オリンピック協会執行委員の立場上、反戦・平和運動や人権擁護運動に携わる各国の友人・知人からオリンピック開催地をベルリンから移転することを要請され、シトリーンは全国労働者スポーツ協会（以下、全労スポーツ協会と略記。一九三六年四月にイギリス労働者スポーツ協会へと名称を変更する）の上部組織TUCの代表者だったから、国際フェアプレー運動の関係者やバルセロナ人民オリンピアードの事務局長から協力を要請されたのである。ちなみに、バルセロナ人民オリンピアードは各国の労働者スポーツ組織が集う国際祭典だったが、スペイン内戦の勃発によって未発に終わった。

詳細は本論で明らかにするが、英労スポーツ協会、ノエル＝ベーカー、シトリーンはそれぞれベルリン・オリンピックに反対するための論理が異なっていた。つまり、大切にするもの／擁護したいものが異なっていたために、ベルリン・オリンピックになぜ反対するのか、どのような方法で反対するのか、に違いがあったのである。そこで、本書の各章では、イギリスで展開されたベルリン・オリンピック反対運動のなかで、英労スポーツ協会、ノエル＝ベーカー、シトリーンがそれぞれ、どのような情勢認識のもとに、何のために、もしくは何を理念・理想として、この運動に関与し行動を起こしたのか、そこには懸念や疑問、矛盾がなかったのか、をできるかぎり深く掘り下げていきたい。

昨今の世界で起こっているオリ・パラ問題は、正誤を完全には判断できない複雑な関係や感情を伴っている。立場が違えばおのずから正誤の理解も変わるだろう。本書は、そうした現状をふまえてこの複雑なオリ・パラ問題を検討するうえで参考になる歴史的な事象を提供して、オリンピック運動の現在と将来のあり方を考える素材にしたい。

注

(1) 百二十年にわたるオリンピック運動の問題史に関しては、Jules Boykoff, *Power Games: A Political History of the Olympics*, Verso, 2016（ジュールズ・ボイコフ『オリンピック秘史――120年の覇権と利権』中島由華訳、早川書房、二〇一八年）を参照。

(2) 晴海選手村の売買問題は、岩見良太郎／遠藤哲人『豊洲新市場・オリンピック村開発の「不都合な真実」――東京都政が見えなくしているもの』（自治体研究社、二〇一七年）が詳述している。

(3) 小笠原博毅／山本敦久『やっぱりいらない東京オリンピック』（〔岩波ブックレット〕、岩波書店、二〇一九年）は、二〇二〇年東京オリ・パラの問題点を追及して徹底的な批判をおこなっていて、その検討結果には大方同感である。ただし、「オリンピックという祭典を、ＩＯＣによるスポーツの支配の具現化だと考えたい」（四四ページ）や「オリンピックはスポーツを支配・管理・制御する力の総体である」（五〇ページ）と言いきってしまうと、矛盾や混乱とともに競技・交流上の成果を伴うオリンピック運動の継続的な検討を断念してしまうことになるだろう。ときに国家と資本の論理に翻弄されるオリンピック運動であるからこそ、東京大会が終わっても、オリンピズムの根本原則の観点から、また「オリンピック・アジェンダ2020――20＋20提言」に即して、将来のパリ、ロサンゼルスの夏季大会、北京冬季大会などについて検討し批判し続けなければならない。ちなみに、「オリンピック・アジェンダ2020」とは、一四年十二月にモナコでおこなわれたＩＯＣ総会で採択された四十の提言からなる改革案である。これら四十の提言は、オリンピック運動の未来に向けた戦略的な工程表を示している（日本オリンピック委員会ウェブサイトに掲載〔https://www.joc.or.jp/olympism/agenda2020/〕［二〇一九年五月六日アクセス］）。

（4）ベルリン・オリンピックの研究には膨大な蓄積があるが、ここでは英語文献と邦語文献から主なものだけを記す。 Allen Guttman, *The Games Must Go On: Avery Brundage and the Olympic Movement*, Columbia University Press, 1984, Allen Guttmann, "The 'Nazi Olympics' and the American Boycott Controversy", in Pierre Arnaud and James Riordan eds., *Sport and International Politics: The Impact of Facism and Communism on Sport*, E & FN Spon, 1998, Allen Guttman, *The Olympics: A History of the Modern Games*, 2nd ed., University of Illinois Press, 2002, Christopher R. Hill, *Olympic Politics: Athens to Atlanta*, 2nd ed., Manchester University Press, 1996, Christopher Hilton, *Hitler's Olympics: The 1936 Berlin Olympic Games*, History Press Ltd, 2008, David Clay Large, *Nazi Games: The*

Olympics of 1936, W. W. Norton & Company, 2007（デイヴィッド・クレイ・ラージ『ベルリン・オリンピック1936——ナチの競技』高儀進訳、白水社、二〇〇八年）, Duff Hart-Davis, *Hitler's Games: The 1936 Olympics*, Harper & Row, 1986（ダフ・ハート・デイヴィス『ヒトラーへの聖火——ベルリン・オリンピック』岸本完司訳〔シリーズ・ザ・スポーツノンフィクション〕、東京書籍、一九八八年）, Moshe Gottlieb, "American Controversy Over the Olympic Games", *American Jewish Historical Quarterly*, Vol. 61, No. 3, 1972, Guy Walters, *Berlin Games: How the Nazis Stole the Olympic Dream*, John Murray Publishers, 2006, Boykoff, *op.cit.*（前掲『オリンピック秘史』）、Richard D. Mandell, *The Nazi Olympics*, University of Illinois Press, 1971（リチャード・マンデル『ナチ・オリンピック』田島直人訳、ベースボール・マガジン社、一九七六年）, Stephen R. Wenn, "A Tale of Two Diplomats: George S. Messersmith and Charles H. Sherrill on Proposed American Participation in the 1936 Olympics", *Journal of Sport History*, Vol.16, No.1, 1989, Stephen R. Wenn, "A Suitable Policy of Neutrality? FDR and the Question of American Participation in the 1936 Olympics", *International Journal of the History of Sport*, Vol.8, No.3, 1991, Stephen R. Wenn, "Death−knell for the amateur athletic union: Avery Brundage, Jeremiah Mahoney, and the 1935 aau convention", *The International Journal of the History of Sport*, Vol.13, No.3, 1996, Xavier Pujades Martí et Carles Santacana i Torres, *L'altra olimpíada, Barcelona'36: esport, societat i política a Catalunya (1900-1936)*, Llibres de L'Índex, 2006（カタロニア語文献。筆者は未見。ただし、上野卓郎「1936年バルセロナ人民オリンピアードをめぐる歴史像——報告要旨」〔一橋大学スポーツ科学研究室編「一橋大学スポーツ研究」第二十二巻、一橋大学スポーツ科学研究室、二〇〇三年〕で、プジャーダス／サンタカナ論文「バルセロナ人民競技大会の神話」〔Xavier Pujadas et Carles Santacana, "Le Mythe des Jeux populaires de

Barcelone", in Pierre Arnaud dir., *Les origines du sport ouvrier en Europe*, L'Hartmattan, 1994, pp. 267-277〕を紹介し検討している)。近年、カタロニアの諸資料を渉猟して英文で書かれた歴史書『人民戦線とバルセロナ１９３６人民オリンピック』(James Stout, : *The Popular Front and the Barcelona 1936 Popular Olympics: Playing as if the World Was Watching*, palgrave macmillan, 2020.)が出版された。著者は三十三歳の若手研究者で、サンディエゴ・メサ・カレッジの世界史の臨時教授ジェームス・スタウトである。筆者はざっと目を通しただけだが、スペイン本国の動向が詳細につかめるものと思われる。この著書の目的は、人民オリンピアードが人民戦線について我々に何を語りかけるのか、共通の大義のもとに人々を団結させるためにはたらく力とは何なのかを明らかにすることであり、カタロニア第二共和制についての理解を超えて、国際主義、反ファシズム、並びに政府や市民社会に管理された手段として役立つオリンピックのようなメガイベントの潜在力についての見方を提供することだとされている(*Ibida.*, p. xi.)。池井優『オリンピックの政治学』(丸善ライブラリー)、丸善、一九九二年、上野卓郎「1936年バルセロナ人民オリンピック――『国際スポーツ評論』1936年巻とチェコ紙誌からみた」、一橋大学・橋学会一橋論叢編集所編「一橋論叢」第百二巻第三号、日本評論社、一九八九年、鎌田忠良『日章旗とマラソン――ベルリン・オリンピックの孫基禎』(講談社文庫)、講談社、一九八八年、川成洋『幻のオリンピック』(ちくまプリマーブックス)、筑摩書房、一九九二年、草森紳一『文化の利用』(「絶対の宣伝 ナチス・プロパガンダ」第四巻)、文遊社、二〇一七年、功刀俊雄「〈研究ノート〉ベルリン・オリンピック反対運動――人民戦線とスポーツ運動」、学校体育研究同志会編「運動文化研究」第四号、学校体育研究同志会、一九八六年、功刀俊雄「補論I チェコスロヴァキア労働者スポーツ運動」、クリューガー/リオーダン編『論集国際労働者スポーツ』所収、上野卓郎編訳、民衆社、一九八八年、坂上康博『スポーツと政治』(日本史リブレット)、山川出版社、二〇〇一年、鈴木明『「東京、遂に勝てり」1936年ベルリン至急電』(小学館ライブラリー)、小学館、一九九七年、寺島善一『評伝 孫基禎——スポーツは国境を越えて心をつなぐ』社会評論社、二〇一八年

(5) イギリスの対応に関わる研究には以下のものがある。 Stephen G. Jones, *Workers at Play: A Social and Economic History of Leisure, 1918-1939*, Routledge, 1986, Brian Stoddart, "Sport, Cultural Politics and International Relations: England versus Germany, 1935", in Norbert Müller and Joachim K. Rühl eds., *Sport History: Olympic Scientific Congress*, Schors, 1985, Martin Polley, "The British Government and the Olympic Games in the 1930s", *The Sports Historian*, No.17(1), 1997, Richard Holt, "The Foreign Office and the Football Association: British Sport and Appeasement, 1935-1938", in Arnaud and Riordan eds., *op.cit.*, Peter J. Beck, *Scoring for Britain: International Football and International Politics, 1900-1939*, Frank Cass, 1999, Peter J. Beck, "Confronting George Orwell: Philip Noel-Baker on International Sport, Particulary the Olympic Movement as Peacemaker", in J. A. Mangan ed., *Militarism, Sport, Europe: War without Weapons*, Frank Cass, 2003, Derek Birley, *Playing the Game: Sport and British Society, 1914-45*, Manchester University Press, 1996.

(6) イギリスのベルリン・オリンピック反対運動に言及した文献には以下のものがある。 Large, *op.cit.* (前掲『ベルリン・オリンピック1936』), Hart-Davis, *op.cit.* (前掲『ヒトラーへの聖火』), Jones, *Workers at Play*, Stephen G. Jones, *Sport, Politics and the Working Class: Organised Labour and Sport in Inter-War Britain*, Manchester University Press, 1988.

(7) ＴＵＣ総評議会は、ＴＵＣ傘下の産業グループの代表と女性労働者グループの代表によって構成する調整・共同の中央機関であり、一九二〇年のＴＵＣ年次大会で認可・設置された。

第1章　イギリスのベルリン・オリンピック反対運動

はじめに

一九三〇年代後半のヨーロッパその他の国々の労働者スポーツ運動は、スポーツのファシズムによる支配に対抗して人民の連帯を勝ち取ることを中心課題に据えていた。

ヒトラー政権が誕生した直後のドイツ、続いてオーストリアで、相次いで中核的な労働者スポーツ組織が弾圧・解体され、国際労働者スポーツ運動は勢力の縮小を余儀なくされた。また、ベルリンでのオリンピック大会の開催準備が進み、ヒトラー率いるナチス（国民社会主義ドイツ労働者党）によるオリンピックの政治的利用への道が開かれるという状況が生まれた。こうしたファシズム支配の脅威を前にして、北アメリカ、ヨーロッパ各国およびパレスチナの労働者スポーツ組織は、反ファシズム・スポーツ運動に全精力を傾けていく。その具体的な現れとなったのがベルリン・オリンピック反対運動であり、その運動の展開のなかでバルセロナ人民オリンピアードが計画されていく。ナチスの政治的示威のためのガルミッシュ・パルテンキルヒェン冬季オリンピックとベルリン・オリンピックに反対し、平和・人権・民主主義の祭典としてのオリンピックを擁護することが、反ファシズムを標榜する労働者スポーツ運動の中心課題になったのである。「人民オリンピアードは、すべての人民と人種を兄弟のように団結させ、ベルリンに反対し、スポーツでのファシズムに反対し、人類の自由な文化的発展を求める偉大な示威である」[1]と人民オリンピアード組織委員会は伝えている。バルセロナ人民オリンピアードはスペイン内戦の勃発によって未発に終わったが、その後も反ファシズム・スポーツ運動は国際的に展開され、翌一九三七年夏には労働者スポーツ運動史上最後の国際労働者オリンピアードが、ベルギーの港町アントワープで開催されることになった。

本章が対象にするのは、こうした国際的な運動に対応しながら進められたイギリスのベルリン・オリンピック反対運動、さらには、その最終局面となるバルセロナ人民オリンピアードへの参加準備の経緯、そしてその過程で示された主張や訴えの内容である。総じて、イギリスでのベルリン・オリンピック反対運動は、イギリスの反ファシズム・スポーツ運動のヤマ場であり、国際連帯のためのアピールの役割もあった。

1　国際的なベルリン・オリンピック反対運動の開始

上野卓郎と切刀俊雄の先行研究(2)によれば、国際的なベルリン・オリンピック反対運動の開始は概略として以下のように整理できる。

一九三四年八月にパリでおこなわれた国際反ファシズム・スポーツ集会閉会後の九月二十二日に、赤色スポーツ・インターナショナル（以下、赤色スポーツインターと略記）執行委員会は社会主義労働者スポーツ・インターナショナル（以下、社会主義スポーツインターと略記）に対して共同行動と組織統一を提起した。この提案は、十月にチェコスロヴァキアのカルロヴィ・ヴァリ（カールスバード）で開かれた社会主義スポーツインター第七回総会で議論された。そこでは賛否両論が出たが、赤色スポーツインターとの協議を開始することを条件付きで合意した。

翌一九三五年三月一日、プラハで赤色スポーツインターと社会主義スポーツインターの代表による共同の会議が開かれ、ここで初めてベルリン・オリンピック・ボイコットの提案が議題に挙がった。しかし、社会主義スポーツインターの代表の発言はきわめて慎重で消極的であり、共同のコミュニケでも具体的な協定事項は示さなかった。同年四月十二日、赤色スポーツインター執行委員会は、ベルリン・オリンピックに反対する共同行動の組織化を協議項目の一つに掲げて、協議の再開を提案した。社会主義スポーツインター幹部会はこの赤色スポーツインターからの手紙について検討した結果、両組織の即時統一は時期尚早、ブルジョア・スポーツマンとの共同行動には反対という決定を下すとともに、ベルリン・オリンピック・ボイコット提案などについては加盟組織の意見を聴取することにした。この内容について、社会主義スポーツインター事務局は赤色スポーツインター執行委員会宛てに四月十六日付の返信を送った。

このため、両組織代表の協議は九月まで再開されなかった。その間、赤色スポーツインターの各組織はベルリン・オリンピック反対キャンペーンを開始した。そして、九月六日にプラハでおこなわれた赤色スポーツインターと社会主義スポーツインターの二度目の代表交渉の結果、ベルリン・オリンピック・ボイコットを呼びかける「共同コミュニケ」が発表された。しかし、ここでも両組織の共同行動の具体化には社会主義スポーツインター代表が意見を保留し、十一月三十日と十二月一日におこなわれる社会主義スポーツインタープラハ国際協議会で赤色スポーツインターの提案を検討することになった。この国際協議会では、両インターナショナルの統一問題などの重要事項は保留されたが、社会主義スポーツインター加盟組織がソビエト連邦（ソ連）および赤色スポーツインター加盟組織と交渉をもつことなどとともに、ベルリン・オリンピック・ボイコットに関する共同行動が承認された。

以上の国際的な運動の経緯に加えて、アメリカでのベルリン・オリンピック反対運動の開始について主な先行研究と資料から史実を補っておきたい(3)。というのも、アメリカでの運動が国際労働者スポーツ組織による運動に先立って始められ、しかもそれとはむしろ独立して進められ、のちに国際的な運動と連携するという独自の展開になったからである。

写真5　アベリー・ブランデージ：1887年9月28日生―1975年5月8日没。IOC 会長（在任期間1952―72年）写真中央がブランデージ（1936年にベルリンで撮影）
（出典：https://kpbs.media.clients.ellingtoncms.com/img/photos/2016/07/25/Nazi_Games_Berlin_1936_Ullstein_6901540113Avery_Brundage_1935_t600.jpg?4326734cdb8e39baa3579048ef63ad7b451e7676［2019年7月17日アクセス］）

最初にアメリカで、ベルリン・オリンピックについての異議申し立てがおこなわれたのは一九三三年十一月だった。アメリカ・オリンピック委員会と全米アマチュア競技連合（以下、アメリカ競技連合と略記）のそれぞれの会議で、ドイツ国民であるユダヤ人競技者のドイツ代表チームへの加入をめぐって、それが正当におこなわれないならばベルリン大会をボイコットするという決議案を可決したのである。しかしその後、三四年九月二十六日にニューヨークで開かれたアメリカ・オリンピック委員会会議で、ドイツ視察旅行から帰国したアベリー・ブランデージ会長のドイツに対するきわめて好意的な報告書を受けて再び議論が展開され、最終的にドイツ組織委員会からの招待を受け入れることを満場一致で決定した。

一方、ジェレマイア・マホニーが会長を務めるアメリカ競技連合では、三五年十月八日の首都協会の年次会議でマホニー会長から提出されたボイコット動議を可決するが、十二月六日に始まったアメリカ競技連合年次総会で、ブランデージらの意向を反映して、ベルリン・オリンピックへのアメリカ・オリンピックチーム参加を支持する決定が下された。このため、マホニーをはじめとしてアメリカ競技連合選出のアメリカ・オリンピック委員会代表委員五人がアメリカ競技連合を脱退する事態となった。

これによってアメリカのスポーツ界での反対運動は陰りを見せるが、多方面にわたる反対運動が消滅したわけではなかった。一九三五年十月二十日には、アメリカ労働総同盟の総会でベルリン大会ボイコットを求める決議案が採択され、同じく十月に、弁護士ジョージ・ゴードン・バトルらが中心になって「スポーツのフェアプレーに関する委員会」（以下、アメリカ・フェアプレー委員会と略記）が設立(4)されて、ベルリンからの大会の移転を訴えていく。これには、ニューヨークを中心としてアメリカの多くの新聞や宗教組織が同調した。さらに、ベルリン・オリンピック反対を訴えるアメリカ青年会議、戦争とファシズムに反対するアメリカ同盟、反ナチ連盟が、ベルリン・オリンピック反対の百万人署名を集めるキャンペーンを組織し、また百三十八人に及ぶプロテスタント牧師と教師のグループが、ベルリンへのアメリカ代表チームの派遣撤回を要

写真6　ジェレマイア・マホニー：1878年6月23日生—1970年6月25日没。ニューヨーク市の弁護士。全米アマチュア競技連合会長（在任期間1934年、36年）。撮影時は不詳
（出典：https://www.ushmm.org/exhibition/olympics/images/c24-2.jpg［2019年7月17日アクセス］）

求するなど、さまざまな運動が展開された。

図1　「戦争とファシズムに反対するアメリカ同盟」が作成したベルリン大会ボイコットを求めるポスター
（出典：https://i.pinimg.com/736x/74/fd/f1/74fdf170dfadc0fc2c66195fc4264f38---olympics-berlin-olympics.jpg［2019年7月17日アクセス］）

2　イギリスのベルリン・オリンピック反対運動の起点

再びイギリスに戻って、イギリスでのベルリン・オリンピック反対運動は、いつ何を契機として始まったのか。それは前述のとおり、一九三五年四月十二日に赤色スポーツインター執行委員会が社会主義スポーツインター事務局に手紙を送り、社会主義スポーツインター幹部会で赤色スポーツインターのベルリン・オリンピック・ボイコット提案について討議し、加盟組織による態度決定を求めたことが契機になった。社会主義スポーツインター加盟組織である全労スポーツ協会は、同年五月八日に小委員会を開き、三六年ベルリン・オリンピックについて執行委員会が提起する二つの決議案を討議した。全労スポーツ協会の執行委員会決議案の内容は次のとおりである。

全国労働者スポーツ協会執行委員会は、ドイツ政府がとった急進的な態度を注意深く検討した結果、イギリスのスポーツ諸協会は一九三六年のベルリン・オリンピアードには、とにかく直接的にも間接的にも関係すべきではないという見解に達するとともに、アマチュア陸上競技協会、全国サイクリスト連合、イギリス卓球協会、南部カウンティーズ・アマチュア水泳協会はベルリン・オリンピアードを辞退することの適否について検討する特別会議を招集すべきである、と提案する。（略）労働組合、労働者および社会主義者の政治組織、ならびに労働者スポーツ協会を抑圧するドイツ政府の反労働者的姿勢について考慮するとき、全国労働者スポーツ協会執行委員会はすべての労働者スポーツ協会とすべての労働者組織の個々の会員に対して、三六年ベルリン・オリンピアードをボイコットし、そこで競い合うことを、あるいはとにかく直接的にも間接的にも援助することを拒否するよう主張する。[5]

全労スポーツ協会執行委員会でなぜこの二つの決議案が討議されたのかというと、それは彼らが置かれていた立場に由来する。二つ目の決議については、説明するまでもなく、全労スポーツ協会が労働者スポーツ運動を進める組織だったから、ナチスの反労働者的政策を糾弾する決議を同系の団体に提起するのは当然のことだった。しかし、一つ目の決議案については説明を要する。これは、全労スポーツ協会がヨーロッパのなかでも例外的に、ベルリン・オリンピックに選手団を派遣する陸上競技統括団体のアマチュア陸上競技協会（以下、アマチュア陸協と略記）に加盟する組織だったことが、その理由だった。すなわち、アマチュア陸協加盟組織であるため、単独でベルリン・オリンピック反対を決定できず、何らかの形でアマチュア陸協を反対運動に巻き込んでいくことが必要とされたのである。つまり、全労スポーツ協会には、単に広く訴えを発するというだけでは収まりえない事情があったのである。このアマチュア陸協との関係は、アントワープ労働者オリンピアードへの英労スポーツ協会の参加をめぐって再度問題になる。

ところで、全労スポーツ協会小委員会では、この二つの決議案の討議に先立って、赤色スポーツインターと社会主義スポーツインターの間の手紙について検討し、両者の合同による国際的な共同行動に反対する決定を下していて、この点から、この二つの決議案は赤色スポーツインター加盟組織との非協力を前提として提起されたものと理解できる。(6) 全労スポーツ協会は、ヨーロッパの社会民主主義系スポーツ組織のなかでも根強い反共意識をもつ組織であり、彼らの方針はその後もずっと共産党系スポーツ組織のイギリス労働者スポーツ連盟（以下、英労スポーツ連盟と略記）とは一線を画すことになる。

対する英労スポーツ連盟は、こうした全労スポーツ協会の運動を機敏に捉えて、赤色スポーツインターからの行動提起に従って「ベルリン大会を移転するキャンペーン」を開始していく。英労スポーツ連盟全国書記のジョージ・シンフィールドは、「大衆的労働者スポーツ運動の創造」を掲げて「イギリス労働者スポーツ連盟とその会員が全国労働者スポーツ協会に加盟する」ことを訴えた赤色スポーツインター機関誌「国際スポーツ評論」掲載の論説のなかで、「イギリス・スポーツマンの不参加とベルリン大会の移転を求めるキャンペーンが開始されるだろう。全国労働者スポーツ協会中央委員会〔「全国労働者スポーツ協会規約」に中央委員会という機関はないので、執行委員会の誤りである：引用者注〕はすでに異議を申し立てて、すべての問題を討論するためにイギリス・スポーツ諸組織の集会を要求している。抗議が受け入れられるように、すべてのスポーツ組織、労働者組織、平和組織、文化組織と青年組織でおこなっていることを、その目的に合致させることがわれわれの課題である(7)」と主張した。さらに、シンフィールドは、「キャンペーンの最初の号砲は、八月二十五日にロンドンでの自転車デモンストレーション（クラリオン・サイクリング・クラブによって組織された）として発され、キャンペーンは、それに対しては異議もあったが、ベルリン大会は阻止されるべきであり、大会の移転を求める、とする決議案を満場一致で採択した(8)」とキャンペーンの経緯を説明し、イギリスで反対運動が前進していることを記している。したがって、英労スポーツ連盟の思惑としては、イギリスでのベルリン・オリンピック反対運動の中核的な実行組織として全労スポーツ協会とクラリオン・サイクリング・クラブ（以下、クラリオンCCと略記）を位置づけ、これを英労スポーツ連盟がバックアップすることを目指したのである。

クラリオンCCがベルリン・オリンピック反対運動を先導したことについては、クラリオンCCロンドン・ユニオン代表のジェフリー・ジャクソンが、シンフィールドの論説を掲載した「国際スポーツ評論」の別の号に、「イギリス労働者スポーツマンの課題」を投稿したことが一定の裏付けになるだろう。ジャクソンは、「労働者スポーツマンは、彼らの任務をヒトラー・オリンピアードに対する抵抗の強化という課題と結び付けるだろう。さまざまなやり方が、このオリンピアードのファッショ的性格を暴露するために活用されるだろう。ドイツの労働者スポーツマンとユダヤ人スポーツマンがどのような機会も与えられていないことが、ヒトラー政府が組織するスポーツ大会に協力するすべてのスポーツマンに知らされなければならない。「イギリス流のフェアプレー」に関するイギリス人の崇められた理念のあらゆる重要な前提が、ヒトラー・オリンピアードには欠落している。工場で、スポーツクラブで、ユダヤ人クラブで、そして学生のもとで、広範なキャンペーンが先導されるだろう[9]」と記している。彼の主張にはイギリス・スポーツマンとしての自負がよく表れている。そして、この時期のクラリオンCCロンドン・ユニオンは英労スポーツ連盟と強い結び付きをもっていたから、その代表であるジャクソンは英労スポーツ連盟執行委員会と連絡をとりながら、英労スポーツ連盟の運動方針に沿ってベルリン・オリンピック反対運動を前進させようとしたのである[10]。

3　イギリス・ドイツ対抗フットボール・マッチへの反対とベルリン・オリンピック・ボイコットの提案

イギリスでベルリン・オリンピック反対運動がにわかに活気づいたのは、目前の敵を得た一九三五年十一月だった。全労スポーツ協会書記補佐のH・R・アンダーヒルは、労働組合情報誌「レイバー」十一月号で、「翌年開催されることになっているベルリン・オリンピック大会をボイコットしようという私の最近の訴えに即して、私は目下、十二月四日のトッテナム・ホットスパー・グラウンドでプレーされる予定のイングランド対ドイツの国際フットボール・マッチに対して、強力な抵抗が行使されるべきことを訴えている[11]」と伝えている。この反対運動はスポーツ組織を超えて広がり、労働組合や青年組織なども巻き込んで執拗にねばり強くおこなわれた。例えば、ロンドン地区の共産主義青年同盟、労働党青年同盟のロンドン諮問委員会、ロンドン労働組合協議会、全国鉄道労働組合ウッドグリーン支部が、それぞれに反対運動を展開し、外務省や内務省に抗議と苦情の手紙を送った。こうした力を束ねて、十二月二日にTUC総評議会書記長のウォルター・シトリーンが、ナチスによる抑圧、ドイツ・スポーツのファッショ的性格、反ユダヤ主義への抗議の意味を込めて、内務省に対して試合の中止を求める意見表明をおこなった[12]。

写真7　イギリス・ドイツ対抗フットボール・マッチ開会式でナチ式敬礼をするプレーヤーたち
（出典：https://flashbak.com/wp-content/uploads/2014/11/PA-555475.jpg［2019年7月17日アクセス］）

しかし、内務省も外務省も、この係争点で明確な立場をとることを避けた。彼らは、ナチ・ドイツとの外交関係が損なわれるようなことはあえてしたくなかったのである。イギリス・ドイツ対抗フットボール・マッチは予定どおり開催され、六万人の観衆がスタジアムを埋め尽くした。もっとも、反対運動の影響で、ハーケンクロイツのナチス旗や示威行動は抑えられていたが。

この経験のなかで、ベルリン・オリンピック反対運動は連携と結束を固めていったようである。次のアンダーヒルの言葉からそれが読み取れる。「ベルリンでの一九三六年オリンピック大会開催に対する反対は、弱まるどころかむしろ強化されている。全国クラリオン・サイクリング・クラブはこの抗議でわれわれと共同しているが、さらに労働党全国執行委員会とTUC総評議会が、この抗議に関わるだろうという見込みがかなりある[13]」

次いで、ベルリン・オリンピック反対運動の第二のヤマ場は、英労スポーツ協会がアマチュア陸協にベルリン・オリンピック・ボイコットを求めて臨時会議を招集させたときにやってくる。ここでは、共産党機関紙「デイリー・ワーカー」が一年半の沈黙を破って、批判ではなく賛同の立場から全労スポーツ協会の運動を詳細に報道していることが特徴的だ。

事の始まりは、一九三六年三月二十二日に開かれたアマチュア陸協の年次総会で、全労スポーツ協会代表が「そのメンバーがベルリン・オリンピック大会で競い合う許可を差し控えるようにアマチュア陸上競技協会に要求」する提案をおこなったことにあった。総会では全労スポーツ協会代表の主張に耳を傾ける代表もいたが、とにかくこの提案を検討するだけの準備が各代表にはできていなかったので、アマチュア陸協執行部は、「もし全国労働者スポーツ協会が望むならば、二カ月以内にアマチュア陸上競技協会の臨時会議を招集するだろうという条件で、この独自の提案を取り下げる決議案」[14]を提出し、この決議案が即座に可決された。

全労スポーツ協会から要請されたアマチュア陸協臨時会議は二カ月後の五月二十三日に開催され、ベルリン・オリンピック大会へのイギリス・チームの参加について討議した。アンダーヒルは「レイバー」七月号で、次のように会議の様子を伝えている。「イギリス労働者スポーツ協会はアマチュア陸上競技協会の臨時会議に代表を派遣し、ベルリン・オリンピックへの参加撤回に向けて申し分のない実例を申し述べたのだが、彼らはクラブ代表を説き伏せることには失敗した。いたるところでわが代表のジョージ・エルヴィンとハーバート・エルヴィンは、オリンピック理念とフェアプレーのための彼らのみごとな闘いを褒めたたえられたが、偏見と視野の狭さが勝利を収めた。アマチュア陸上競技協会は提出された提案に、ほとんどあるいはまったく応えようとしなかった」[15]。結局、アマチュア陸協臨時会議では、英労スポーツ協会の提案が反対二百人、賛成八人、棄権二十七人で否決された。

こうしてイギリスでは、ベルリン・オリンピックをボイコットする運動は収束し、一転してベルリン・オリンピックに対抗するバルセロナ人民オリンピアード開催に向けた宣伝と準備に力を注いでいくことになる。

4　赤色スポーツインター国際協議会（プラハ）へのイギリス代表参加

赤色スポーツインター国際協議会が一九三六年三月七・八日に、チェコスロヴァキア、チェコスロヴァキアのズデーテン・ドイツ人地域、イギリス、ノルウェー、スウェーデン、スイス、スペイン、ソ連の代表とオーストリアから亡命したスポーツマンの参加を得て、さらに社会主義スポーツインターからギュルヴィク（フランス）とトム・グルーム（イギリス）をゲストに迎えて、プラハで開催された。

プラハ国際協議会のスポーツ・インターナショナル史上の位置づけについてはここでは省く。ただし、ごく簡単に印象を伝えるならば、例えば、「フランス労働者スポーツ・体操連盟が連盟所属の区別なく、フランスのスポーツマンの要求と見なせるような諸要求を含んだ綱領を仕上げた」と評される人民スポーツ運動を展開し、さらに人民戦線政府をスポーツ運動の側からも準備していったフランスでの先進的な事例、同様に人民戦線政権下で「スポーツマンの勢力を結集し、人民戦線の一大スポーツ・文化組織を確立」しようと運動を進めたスペインの事例、労働者スポーツ組織の分裂という不幸な事態にもかかわらず、「八月半ばにプラハで、ヒトラー・オリンピアードに反対するチェコスロヴァキアの進歩的なスポーツマンの行事として、大規模な人民競技会の組織化に着手している」チェコスロヴァキアの事例など、各国で独自にベルリン・オリンピック反対運動が進

図2　バルセロナ人民オリンピアードのポスター。組織委員会は出場登録者数が6,000人を超えたところで、開始日を7月19日に繰り上げて準備を進めたが、18日未明に起こったフランシスコ・フランコの反乱がスペイン全土に広がり、バルセロナ人民オリンピアードは未発に終わった
（出典：http://1.bp.blogspot.com/-i8VK8lvqj7c/Um16ahuWKiI/AAAAAAAAIZs/3cieTl4B6cs/s1600/barcelone+workers+olympics+1936+clarion.jpg［2019年7月17日アクセス］）

められていた、また進められようとしていたことが報告された点が目を引く[16]。赤色スポーツインターの呼びかけに応えるというばかりでなく、各国の組織が、その国の政治状況を積極的に切り開くなかで人民スポーツ運動を展開し、またそれと表裏一体となるベルリン・オリンピック反対運動を進めてきた様子がうかがえる。

しかもプラハ国際協議会では、社会主義スポーツインターが準備している一九三七年のアントワープ労働者オリンピアードでの共同に関する提案の他に、スペイン代表のアンドレス・マルチンが「マドリードでの共同委員会の設置」の際に、その活動の基礎として三つの行動提起をし、その三番目に「スポーツ行事と大衆キャンプ活動の共同の組織化」を提案していた[17]。この提案は、カタロニアの人民スポーツ組織の行動計画と受け取っていいだろう。ここに挙げられた「スポーツ行事」が、バルセロナ人民オリンピアードとして具体化していったものと考えられる。しかし、人民オリンピアードの件は、プラハ国際協議会の段階ではまだ確認事項になっていなかった。

ところで、イギリス代表はクラリオンCCロンドン・ユニオン代表のジェフリー・ジャクソンだったが、彼はプラハ国際協議会でイギリス労働者スポーツ運動の現状と今後の道筋、ならびにイギリスでのベルリン・オリンピック反対運動の前進について発言している。彼が語ったイギリスでの反対運動の現状は前節で示した内容と重なるので省くが、赤色スポーツインターの国際会議に赤色スポーツインター加盟組織でないクラリオンCCからの代表が迎えられ、国際連帯と各国の先進的事例から学ぶ機会を与えられたことは、イギリスの運動にとって展望を見いだすうえで重要だっただろう。加盟組織でないクラリオンCC所属の代表が迎えられた経緯については、拙著『イギリス労働者スポーツ運動史』でも説明(18)したが、赤色スポーツインター自体が広範なスポーツ運動の創造へと戦術転換を図ることで、その国に赤色スポーツインター加盟組織がない状況で、共同行動が望める個人をイギリス代表として受け入れようとしたのだろう。

5　国際フェアプレー委員会パリ国際会議へのイギリス代表参加

以上のように、各国での広範なスポーツ運動そして人民スポーツ運動が進むなか、ベルリン・オリンピック反対運動の転換点になるオリンピック理念擁護国際委員会（以下、国際フェアプレー委員会と略記）の国際会議が、フランス労働者スポーツ・体操連盟の献身的な努力によって、一九三六年六月六・七日にパリで開催された。ちなみに、国際フェアプレー委員会はそれに先立つ半年前にパリで設立されていた。三五年十二月七日の設立総会にはイギリスの代表も出席し、そこでは九点にわたる行動提起がおこなわれ、ベルリン・オリンピックに対してどのような措置と示威を示すべきかを討議していた。[19] その後六月のパリ国際会議までに、いくつかの呼びかけや行動提起がおこなわれていたようである。[20]

さて、パリ国際会議がどんな人物や組織のイニシアティブによって組織されたのか、呼びかけ人はどのような人々だったのか、何人の出席者を得たのか、などはまだ不明な点もあるが、フランス、イギリス、スペイン、カタロニア、アメリカ、チェコスロヴァキア、ベルギー、スイス、オランダ、スウェーデン、デンマークからの代表と、赤色スポーツインターと社会主義スポーツインターの代表が参加したとされる。[21] 会議とレセプションの記録を見ると、アメリカ、スウェーデン、デンマークの代表の発言が収録されておらず、これがどうした事情によるものか不明だが、他方で亡命ドイツ人作家ハインリヒ・マンらの発言が収録されている。パリ国際会議は、スポーツ組織の役員とスポーツマンだけのものではなく、学者、文化人、政治家などを含め、労働者スポーツの分野にとどまらない広範な反ファシズム運動の結集という性格を有していた。[22]

この点に関して、筆者の手元に「ベルリン・オリンピック大会に反対」という表題のパンフレットがある。これにはパリ（フランス）、ブリュッセル（ベルギー）、アントワープ（ベルギー）、ベルン（スイス）、ルクセンブルク（ルクセンブルク）、ブカレスト（ルーマニア）、ロンドン（イギリス）、オックスフォード（イギリス）、アムステルダム（オランダ）、ブラリクム（オランダ）、ユトレヒト（オランダ）、ズヴォレ（オランダ）、デン・ハーグ（オランダ）の諸都市に在住する二十九人の著名人の声明文を載せている。イギリスからは、ラッセル・アバークロンビー（ロンドン、詩人・評論家）、ノーマン・エンジェル（ロンドン、ノーベル平和賞受賞者）、ショー・デスモンド（ロンドン、作家）、ルイス・ゴールディング（ロンドン、作家）、フィリップ・ゲダラ（ロンドン、法廷弁護士）、リストウェル伯爵（ロンドン、労働党の貴族院議員）、キングズリー・マーティン（ロンドン、「ニュー・ステーツマン」を編集したジャーナリスト）、ギルバート・マーレイ教授（オックスフォード、古典学者）、エレン・ウィルキンソン議員（ロンドン、労働党庶民院議員）であった。[23]

ちなみに、このパンフレットに名のあるノーマン・エンジェルは、平和運動でノエル＝ベーカーと深い関わりがある人物だったが、「ヒトラー・ドイツによって組織されるオリンピック大会への参加を拒否することが、私たちがヨーロッパの自由と文明を擁護しうる唯一の手段である、とだけ付け加えなければなりません[24]」という声明をつづっている。

話を戻して本章との関係で注目すべきは、パリ国際会議でバルセロナ人民オリンピアード組織委員会代表のアンドレス・マルチンとカタロニア政府代表のジャウマ・ミラビジャスが、人民オリンピアードの開催の意義と組織状況について語っていることである。

ミラビジャスは次のように述べる。「人民戦線の勝利の後、われわれはわが国で人民スポーツ運動を組織した。われわれはカタロニアで輝かしい成果を獲得して、人民運動を基礎として、スポーツの分野でファシズムを打ち破るだろう。この基礎のうえに、人民オリンピアードはバルセロナで挙行されるだろう。人民オリンピアードの名誉ある委員会を構成しているカタロニア政府は、その準備のために多額の補助金を与えることを決定した。議会の社会党と共産党のフラクションは、政府にベルリン大会のためのクレジットを拒絶するよう要求し、そのとき議会の大統領だったアサーニャ氏は、この要求を強い共感をもって受け入れた。あらゆる可能な手段をもって、バルセロナでの人民オリンピアードを支持する約束が政府によって果たされる」[25]。また、マルチンは組織状況を次のように語る。「われわれはバルセロナで人民オリンピアードを組織しつつある。われわれは現在すでに、ボクシング、フットボール、バスケットボール、ラグビーなどの連盟、社会主義政党、大学スポーツ連盟、カタロニアの若いスポーツマン、労働組合と労働者スポーツ組織、同様にいくつかの小さなスポーツ連盟の参加を確保している」[26]

ミラビジャスの発言からは、バルセロナ人民オリンピアードがカタロニアの運動の成果だったことが理解できる。ちなみに、赤色スポーツインター代表カレル・アクサミットは次のように述べて、ミラビジャスやマルチンの発言を歓迎しているので紹介しておこう。「いくつかの最近の出来事は、われわれの闘争を強化することを助けた。すなわち、フランスとスペインでの人民戦線の勝利であり、それはベルリン大会に反対するわれわれの運動の成長に大きく寄与した。そのために、われわれはカタロニア代表の宣言を歓迎する。（略）バルセロナ人民オリンピアードはわれわれの運動にとって非常に重要である。招待されるすべての国がこのオリンピアードに代表を送るために、われわれの組織はあらゆる方策を尽くす」[27]。このアクサミットの発言からは、カタロニアで内発的に組織されたバルセロナ人民オリンピアードを、赤色スポーツインターとその加盟組織が支持して国際的な催しになるように請け合ったと理解できるが、そこに至るまでの人的交流と情報交換の詳細についてはわからない。

それでは、イギリスでのベルリン・オリンピック反対運動は、国際フェアプレー委員会の設立からパリ国際会議が開催される過程で、どのような転換を迎えていたのか、このあたりの事情をパリ国際会議に出席したイギリス代表の発言から探ってみたい。

イギリス代表が実際に何人だったのかは定かではないが、前述の会議録には、クラリオンCCロンドン・ユニオン代表で国際活動のイギリス側の窓口になっていたジェフリー・ジャクソンの発言と「スポーツのフェアプレーのためのイギリス委員会」（以下、イギリス・フェアプレー委員会と略記）書記のF・E・ワーナーの発言が収録されている。両者は、それぞれが関わる組織での立場から反対運動の役割や進捗状況について説明しているので、彼らの発言を紹介しながら当時のイギリスの状況を概略説明しよう。

ジャクソンはまず、「イギリスのスポーツマンがベルリン大会に反対するのは、ドイツで、ナチ支配のもと、すべてのスポーツマンが国家の統制下にあることを知っているからである。そしてわれわれは、スポーツが青年の軍国主義化に利用されることを望まない。ドイツではスポーツがこの目的のために利用されているのに対して、わがスポーツマンは、スポーツが戦争と同一視されるべきでないと信じている。われわれは、カトリック、社会主義者、共産主義者のスポーツ連盟の排除、同様にすべてのユダヤ人スポーツマンの追放には我慢できないと信じる。この理由から、大多数のスポーツマンがベルリン大会に反対する強力な運動を創造したのである」[28]と、イギリスの「偉大な伝統」である「フェアプレー」の精神に依拠して、明確にベルリン・オリンピック反対の理由を述べた後に、この時期の運動の状況について話を進める。アマチュア陸協の総会（一九三五年五月二十三日）でベルリン・オリンピック・ボイコットの提案が二百対八で否決され、イギリス代表チームをベルリンに派遣することを押しとどめられないという状況のなかで、彼は、あらゆる場でイギリス人民に、スポーツマンに真のオリンピック精神を訴えかける運動を強化することを強調する。つまり、「われわれは、イギリス・フェアプレー委員会とともにイギリスでのフェアプレーのための運動を大いに広げるつもりであり、スポーツマンだけでなく文化組織の代表も集める。イギリスにはベルリン大会のボイコットを求める強力な運動があるが、ベルリンにいくつものチームが出発するのを妨げることはできないだろう。もちろんわれわれは、ヒトラー・オリンピアードに反対するスポーツマンの間に十分な宣伝を広げるために、あらゆることをするだろう」[29]と。

イギリス・フェアプレー委員会が設立されたのは、一九三五年十二月六・七日にパリで開かれた集会で国際フェアプレー委員会が設立された以降だが、詳しい日付と場所はわからない。次に、イギリス・フェアプレー委員会書記のF・E・ワーナーの発言を手がかりに、この委員会の構成や活動についてできるかぎり明らかにしようと思う。

ワーナーは、一九三五年十二月七日付の「マンチェスター・ガーディアン」に掲載されたフィリップ・ノエル＝ベーカーのベルリン・オリンピックに反対する論説[30]とその論説への反響を、この時期の反対運動にとって影響力があった出来事としてまず位置づけ、続けて「ラグビー、フェンシング、ボクシング、労働者スポーツ連盟〔英労スポーツ協会：引用者注〕の代表を集めて、フェアプレー委員会が作り出された[31]」と説明している。三つの種目別組織と英労スポーツ協会の代表者の会議というのは一見して奇異な感じを与える取り合わせだが、当時のイギリスのスポーツ界でベルリン・オリンピックをどう見ていたのか、に関する組織的な布陣を示すものとして注目に値する事実である。その一方で、アマチュア陸協をはじめとして、陸上競技、テニス、サッカーなどのイギリスを代表するスポーツ組織の代表がイギリス・フェアプレー委員会に加わらなかったことは、ヒトラー政府のもとでオリンピック理念が踏みにじられているという意識をもたなかったスポーツ組織が多かったこと、またスポーツ組織間に認識のギャップがあったことを示している。

ある種限定的な立場にあるイギリス・フェアプレー委員会のもとで、ワーナーらはどのようなやり方でどのような活動を進めようとしたのか、以下でこの点を具体的に見ていきたい。ワーナーらは、有名なスポーツマンにベルリン大会に反対するよう要請し、そして読者を多く抱える新聞社にも接近し、多くの編集者から、ベルリン・オリンピックに反対するあらゆる文書を発表してもいいとする約束を取り付ける。しかし、ワーナーの見立てでは、大方のスポーツマンは、「現在ドイツで進行していることを非難しながらも、大会に参加しないことはまったく無益だと信じている。（略）しかし、ヒトラーの大会に世論が反対していると表明できるように努力することはよりいいことだ[32]」という考えをもっていた。すなわち、大会には参加すれどもヒトラーにはくみせず、ナチスの統制に世論が反対であることを訴えたい、というのが大多数のスポーツマンの心情だった。また、多くの日刊新聞は、三月七日のナチスのラインラントへの進駐の日までは約束を守ったが、その日からは政府の圧力を受けて、「イギリスの報道はもはやオリンピアードに反対する記事を発表しなかった[33]」という。

政府の対ドイツ宥和の圧力に対抗しながらも大方のスポーツマンの心情を考慮して、ワーナーらは以下の五項目の行動提起をおこなう。第一は、「すべてのオリンピック候補者に接近して、ベルリンでのオリンピック大会に参加することがナチ秩序に共感を示すものだと見なされることはないので、スポーツへの政治干渉に反対して抗議し続けよう、と主張する宣言を彼らに要求すること[34]」である。これまでのように自分たちの見解を押し付けるのではなく、オリンピック候補者の心情を汲みながらベルリン・オリンピックに最大限抗議していくという論理が打ち出されている。第二は、「ベルリンに監視代表団を派遣し、大会がおこなわれている間だけではなく、開会前にも滞在すること[35]」である。この監視代表団は、外国の報道機関、特にすでにガルミッシュ・パルテンキルヒェン冬季大会に反対する報道をして現在はベルリンについて報告しようとしているアメリカの報道代表に影響を及ぼすことが期待されていた。第三は、「フェアプレー委員会の基盤を大いに拡大すること[36]」である。この提案と関連して、「われわれはまた、過去におけるよりも密接にイギリス労働者スポーツ組織と協力するよう努めるだろう[37]」と強調した。第四は、「〔ベルリン：引用者注〕大会について帰国後に報告するための学生代表団をベルリンに送ること[38]」である。第五は、「八月一日にベルリン大会に反対する示威行動を組織し、またその示威行動と同じやり方で、バルセロナへのチームの旅立ちを計画すること[39]」である。バルセロナ人民オリンピアードへの代表チームの派遣とそのための準備は、イギリスでも急を要する重要事項だと理解されていて、パリ国際会議の翌週に

は、準備のための協議会がロンドンで開催されることになっていた。(40)

6 バルセロナ人民オリンピアードへの参加準備とスペイン内戦による中止

国際フェアプレー委員会のパリ国際会議が終了した翌日の六月八日に、早くもバルセロナ人民オリンピアード組織委員会から、「人民オリンピアードはいまや今年の国際スポーツでの唯一最大の示威運動である」と記載された「バルセロナ人民オリンピアード・プレス・サービス」第五号が世界各国に向けて発送された。(41)これを受けて、英労スポーツ協会は合同書記ジョージ・エルヴィンとH・R・アンダーヒルの連名で、六月九日にイギリスの諸組織に向けて「通信」(プレス・インフォメーション)を発行した。この通信からわかるように、人民オリンピアードに関わる大方の実務は英労スポーツ協会が負っていた。ワーナーが示唆していたロンドンで開催される予定の協議会の日程や内容についての詳細は不明だが、おそらく英労スポーツ協会が全国労働組合クラブで六月二十二日に召集したものだと推測できる。この協議会では、「ベルリン大会の結果として生じるだろうオリンピック理念の侵害を阻止する方策について議論」し、さらに「パリで開催された国際フェアプレー会議に出席した代表からの報告」を聞いた後に、「一九三六年七月二十二日から二十六日にわたる人民オリンピアードで、バルセロナで競い合うイギリス競技者の大チームを派遣するため」の準備について議論することになっていた。(42)

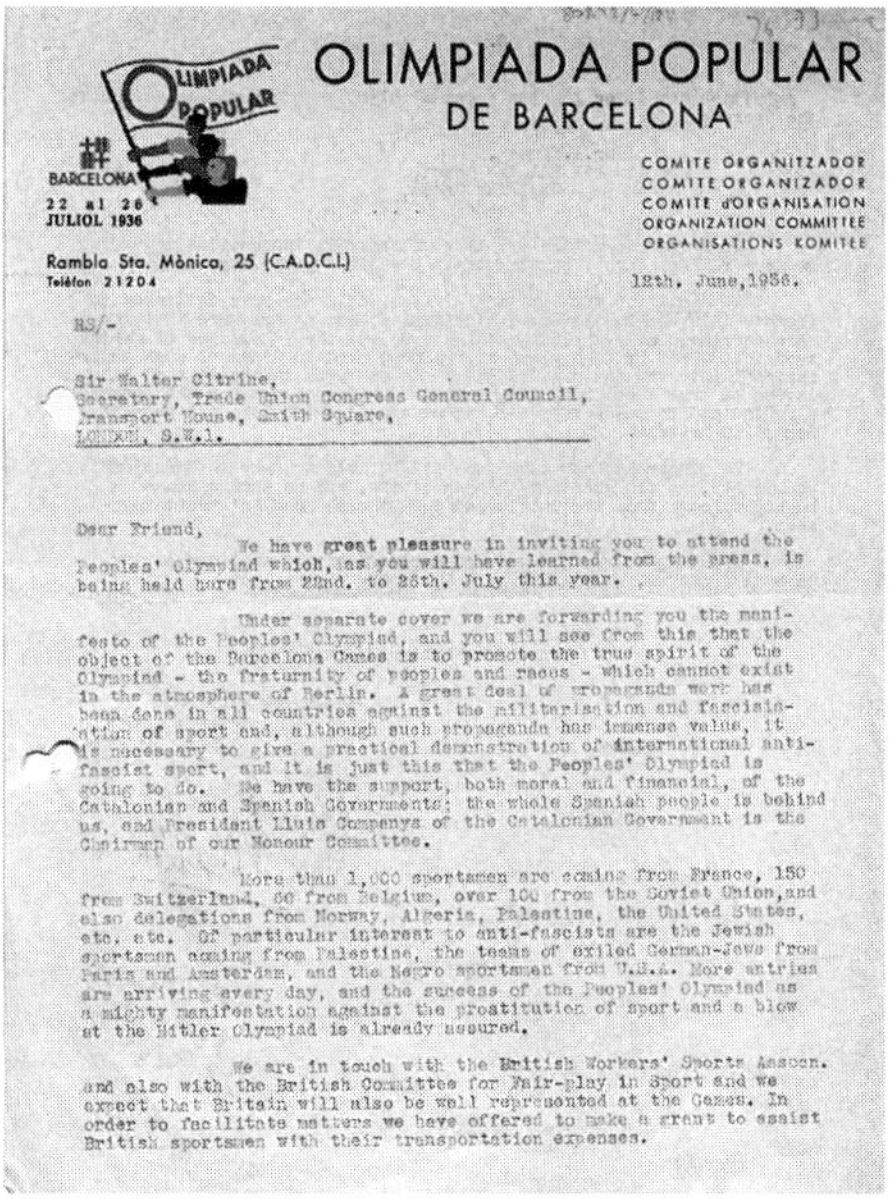

OLIMPIADA POPULAR
DE BARCELONA

BARCELONA
22 al 26
JULIOL 1936

COMITE ORGANITZADOR
COMITE ORGANIZADOR
COMITE d'ORGANISATION
ORGANIZATION COMMITTEE
ORGANISATIONS KOMITEE

Rambla Sta. Mònica, 25 (C.A.D.C.I.)
Telèfon 21204

12th. June, 1936.

RS/-

Sir Walter Citrine,
Secretary, Trade Union Congress General Council,
Transport House, Smith Square,
LONDON, S.W.1.

Dear Friend,

We have great pleasure in inviting you to attend the Peoples' Olympiad which, as you will have learned from the press, is being held here from 22nd. to 25th. July this year.

Under separate cover we are forwarding you the manifesto of the Peoples' Olympiad, and you will see from this that the object of the Barcelona Games is to promote the true spirit of the Olympiad - the fraternity of peoples and races - which cannot exist in the atmosphere of Berlin. A great deal of propaganda work has been done in all countries against the militarisation and fascisisation of sport and, although such propaganda has immense value, it is necessary to give a practical demonstration of international anti-fascist sport, and it is just this that the Peoples' Olympiad is going to do. We have the support, both moral and financial, of the Catalonian and Spanish Governments; the whole Spanish people is behind us, and President Lluis Companys of the Catalonian Government is the Chairman of our Honour Committee.

More than 1,000 sportsmen are coming from France, 150 from Switzerland, 60 from Belgium, over 100 from the Soviet Union, and also delegations from Norway, Algeria, Palestine, the United States, etc. etc. Of particular interest to anti-fascists are the Jewish sportsmen coming from Palestine, the teams of exiled German-Jews from Paris and Amsterdam, and the Negro sportsmen from U.S.A. More entries are arriving every day, and the success of the Peoples' Olympiad as a mighty manifestation against the prostitution of sport and a blow at the Hitler Olympiad is already assured.

We are in touch with the British Workers' Sports Assocn. and also with the British Committee for Fair-play in Sport and we expect that Britain will also be well represented at the Games. In order to facilitate matters we have offered to make a grant to assist British sportsmen with their transportation expenses.

図3　バルセロナ人民オリンピアード組織委員会からウォルター・シトリーン宛ての手紙
(出典：https://warwick.ac.uk/services/library/mrc/explorefurther/images/olympics/808-0012-002.jpg［2019年7月17日アクセス］)

「通信」では、バルセロナ人民オリンピアードの「目的は、記録上の偉業を望みはしないが、国家間の平和と協力というオリンピック精神を擁護しようという人民スポーツ祭典をもって、ベルリン大会の効用に対抗することである」と表明している(43)。

英労スポーツ協会の「通信」を受けてクラリオンCCは素早く反応し、六月十二日と十三日の両日に開かれたクラリオンCC全国委員会で、「バルセロナへサイクリストを派遣するための招待状が読み上げられ、もしイギリス労働者スポーツ協会が代表チームを派遣するのであれば、全国クラリオン・サイクリング・クラブはバルセロナへ一人以上のサイクリストを派遣する」[44]ことを決定した。また、国際フェアプレー委員会パリ国際会議にも出席したジェフリー・ジャクソンは、人民オリンピアードに関して六月二十二日に開かれる英労スポーツ協会の協議会についての報告を提出するよう求められた。

ところで、クラリオンCC全国委員会で人民オリンピアードへの参加について検討していた六月十二日、バルセロナ人民オリンピアード組織委員会からアンドレス・マルチン署名の手紙がTUC総評議会書記長のウォルター・シトリーン宛てに送られてきた。手紙の内容は、組織委員会のゲストとしてシトリーンをバルセロナに招待するものであり、さらに人民オリンピアードの意義を理解してそのために最善を尽くしてくれるように、また競技者の派遣準備をしている諸組織と協力してくれるように求めるものだった[45]。

この組織委員会からの手紙は、イギリス共産党機関紙「デイリー・ワーカー」や英労スポーツ協会関連資料でさえ記していない諸事実をわれわれに教えてくれる。それは何か。すなわち、組織委員会が英労スポーツ協会およびイギリス・フェアプレー委員会と連絡をとり、情報を提供し、競技者の交通費補助を申し出ていること、さらには、「人民オリンピアードのためのイギリス委員会」が現在設立されていて、そこから鉄道料金の減額、特別列車の便宜などについて十分な情報が与えられること、またイギリス・フェアプレー委員会書記のF・E・ワーナーが人民オリンピアードのためのイギリス委員会の書記としてその委員会を代表していること、である[46]。しかし、手紙が送られてきたときシトリーンはジュネーブに滞在していて、この手紙に彼が目を通すのは帰国後になった。

その他にも、やはりシトリーンがジュネーブに滞在している間に、英労スポーツ協会合同書記のＨ・Ｒ・アンダーヒルから署名を求める手紙が送られてきていた。このアンダーヒルからの手紙を読んで、シトリーンは六月二十二日付の返信で、アンダーヒルに詳しい情報を送るように求めている。[47]このシトリーンの手紙に対するアンダーヒルの返信は六月二十四日付だった。このアンダーヒルの返信では、英労スポーツ協会執行委員会の人民オリンピアードに関する理解が明瞭となるので、以下に全文紹介する。

親愛なるウォルター卿

今月二十二日の貴殿の手紙に応えて、私たちは、バルセロナ・オリンピアードについて知りうるすべての事実をお伝えいたします。

もっとも、私たちは、対峙もしくは対抗するオリンピアードについて討議されており、それがベルリン大会反対キャンペーンとしての競技会であることを知りました。しかしながら、ここに至っても私たちはまだ確かなことはわかっていません。

私たちが知るかぎりでは、組織についてカタロニア・スポーツ協会によって最初に議論されていて、しかも、それはカタロニア政府の十分な支持を受けています。

オリンピアードは確かにバルセロナで組織されています。それは、通信が私たちに届けられる仕方から明白です。社会主義労働者スポーツ・インターナショナルは、それ自身公式の役割を果たしていませんが、社会主義労働者スポーツ・インターナショナルの外部にあるカタロニア・スポーツ協会が、その構成組織に参加する自由を与えています。それら組織の多くはそのとおりにしています。

カタロニア政府とスペイン政府、バルセロナ市から、オリンピアードを支援するための補助金が準備されています。

スペイン政府からの補助金のおかげで、私たちは、わが国からのチームを拡大することができるでしょう。補助金は旅券で送り届けられることになっています。

これらの事柄が貴殿に必要な情報になるだろうと信じていますが、もし私に援助できることがありましたら、どうか知らせてください。

敬具

合同書記　H・R・アンダーヒル(48)

この手紙は多くの不確かな内容を含んでいる。英労スポーツ協会はバルセロナ人民オリンピアードの組織実態を正確につかんでおらず、しかも共産主義者がチームに加わることを公式に禁じていたにもかかわらず、共産主義者が協力・支援する人民オリンピアードに大規模なチームを送ろうとしていたのである(49)。とはいえ、人民オリンピアードが一カ月後に迫ったこの段階で、アンダーヒルは英労スポーツ協会と密接な関係にあるTUC書記長のシトリーンには、できるだけ正確な情報を提供しようとしたはずである。不確かな情報の公開伝達は彼の重大な責任問題となったと思われるからである。そうしてみると、イギリス国内の実質的な組織委員会だった英労スポーツ協会執行委員会でさえ、バルセロナ人民オリンピアードの組織化の経緯についてそれほど知っていたわけではなかった。つまり彼らは、人民オリンピアードの理念に共鳴したことを前提として、バルセロナの組織委員会からの情報をもとに、人民オリンピアードを組織するカタロニア・スポーツ協会が参加する自由を与えていること、またカタロニア政府やスペイン政府などから支援と補助金が与えられていることを安心材料として、チーム派遣の準備を進めていたと理解していいだろう。それにしても、この件での情報交換やイギリス国内での準備と組織化について、英労スポーツ協会執行委員会がジェフリー・ジャクソンやＦ・Ｅ・ワーナーらと横の連絡をきちんととっていたのか、という疑問は残る。これまでの資料から見て、英労スポーツ協会、クラリオンＣＣ、イギリス・フェアプレー委員会、人民オリンピアードのためのイギリス委員会の間の関係や具体的な交渉過程が見えてこないのが最大の問題だろう。

ところで、このアンダーヒルの手紙を読んでシトリーンがどのような内容の返信を組織委員会に送ったのかは、それを明らかにできる資料がないために現時点では不明である。

さて、六月十五日付の英労スポーツ協会「通信」では、新たな展開が見いだせる。「通信」は次のように伝えている。「組織委員会はイギリスの陸上競技者とボクサーに会うことを望んでいるので、その他の競技者も歓迎されはするが、われわれはまずこのことに集中するだろう。（略）オリンピアードは記録を更新しようと努めるものではないけれども、（略）組織委員会は百メートル競走では少なくとも十秒六で走ることが期待されると報告している。これはオリンピアードを通じて期待される水準を示している[50]」と。この十秒六という記録はかなりハイレベルなものだった。対抗するベルリン・オリンピックの百メートル競走で優勝したジェシー・オーエンス（アメリカ）が十秒三だったから、記録更新は望まないとしていても、やはり記録でもベルリン・オリンピックに対抗しようとしたのだろう。

　では、どうしてこのハイレベルな百メートル競走にイギリス人競技者の参加が望まれたのだろうか。それは、おそらく一九三一年の第二回ウィーン労働者オリンピアードで、イギリス人競技者（当時の全労スポーツ協会所属）が十秒八で優勝していたからだろう。そのために、人民オリンピアード参加予定者一覧に、英労スポーツ協会が主催したイギリス各地での二百二十ヤード（一ヤードは約〇・九メートル）競走の優勝者が名を連ねることになる。

　ボクシングの事情はよくわからないが、一つ言えることは、人民オリンピアードで陸上競技、水泳、チェスとともにボクシングで一流のファイトが期待されていたことである。特にスペインの公認チャンピオンが全員参加することになっていたから、その期待はひとしおだった[51]。七月三日付の「デイリー・ワーカー」の記事でも、イタリック体で次のように強調している。前日の報告で漏れがあった二人の競技者は、「旅立つことになっている全国クラリオン・サイクリング・クラブのロンドン・ユニオンのF・ターネルとバーンズ・モートレイク・ボクシング・クラブのジョージ・エルムスである。エルムスは、一九三一年にソ連で英労スポーツ協会を代表したとき、ボクシング・ファンの絶大な人気を勝ち得た[52]」と。以上のように、労働者スポーツの世界でも記録至上主義は戒めながらも、観衆の前で繰り広げられる競争、そしてそれがどのくらいの水準（記録）で決着をみるのかという期待抜きには、労働者オリンピアードは成功しないと実感されていたと言えるだろう。「バルセロナ人民オリンピアードのための組織委員会」の見出しがある英労スポーツ協会の六月二十四日付「通信」は、「オリンピアードの開会の日程が七月二十二日から十九日に繰り上げられた」ことを伝えている。また「通信」は、イギリス代表に選考された競技者を紹介した後に、「イギリス労働者スポーツ協会、すなわちイギリス・チームのための組織委員会は、わが国からのチームの範囲を拡大するための財源を訴えた。より多くの資金が必要である。それを使ってわれわれは五十人もしくはそれ以上の競技者まで増加できるだろう(53)」と記し、間近に迫った人民オリンピアードへのチーム派遣費用の捻出問題を伝えている。

財源問題とともに重大だったのが、アマチュア陸協による人民オリンピアードの認可に関する問題であった。これについては、各方面からの異議申し立てによってアマチュア陸協が折れて認可を下したことを、七月八日付の「デイリー・ワーカー」が伝えている。全国サイクリスト連合役員のE・C・ハーディングが人民オリンピアードに同行する招待を快く受け入れたことも記している(54)。この人民オリンピアードが、労働者スポーツのこれまでの域を超え出て真のオリンピック理念を求める人民スポーツ祭典となったことが、アマチュア陸協をはじめ多くのスポーツ組織と関係者の見解を変えさせた大きな要因だったことは間違いない。

以上のように、短期間のうちにチーム派遣の準備や問題も解決して、最終的にイギリス代表チームは、十八人の男子陸上競技者と七人の女子陸上競技者、六人のローンテニス・プレーヤー、五人のサイクリスト、二人のスイマー、二人のチェス競技者、一人のボクサーの計四十一人の競技者の

BRITISH
TEAM
BARCELONA
1936
Tim Binet's team badge from Barcelona's 1936 'alternative' Olympics.

図4　バルセロナ人民オリンピアードに参加するイギリス代表チームのバッジ（出典：http://2.bp.blogspot.com/-1hS1HTGw5d0/Um15u3dkQmI/AAAAAAAAIZo/aleaKTmFN1I/s1600/barcelona+workers+olympics+1936+-+international+brigade.jpg［2019年7月17日アクセス］）

他に、四人のバグパイプ奏者、E・C・ハーディングとジェフリー・ジャクソンの随行者二人、マネージャーのジョージ・エルヴィンとマネージャー補佐のH・R・アンダーヒルを含む総勢四十九人となり、二十人の旅行者とともにドーバー海峡を渡った。(55)

発案されてから二、三カ月の間に各国で急遽参加準備が進められてきたバルセロナ人民オリンピアードだったが、残念ながらこの催しはフランシスコ・フランコの反乱によって未発に終わる。七月十七日金曜日にバルセロナへ向けてロンドンをたったイギリス代表チーム一行は、スペイン内戦が始まってからも数日バルセロナ市街に滞在した。その間の行動を「レイバー」一九三六年八月号がごく簡単に伝えているので、そのくだりを引用してこの節の結びとしたい。「イギリス労働者スポーツ協会チームは二つの示威行動に参加した――最初のもの、火曜日（七月二十一日）に他のチームと一緒に通りじゅうを大パレード。スコットランド人のバグパイプ奏者がイギリス・チームを先導し、スタジアムへの道程は通りに整列した数万人の労働者によるとどろきわたる拍手喝采が伴奏した。二つ目は、われわれの旅立ちの朝におこなわれた。そのときすべてのチームが、ファシスト反逆者を砦から追い払うためにサラゴサへ行っていたバルセロナの労働者たちを出迎えた。再びわれわれは注目すべき歓迎を受け、労働者兵が出発した後、数千の観衆に対して通りで示威運動が起こされた。外国のスポーツ指導者のほとんどが、ジョージ・エルヴィンも含めて、グレート・ブリテンのために語った(56)」

7　その後の祭典とスペイン支援

バルセロナ人民オリンピアードは未発に終わったが、オリンピック理念擁護と反ファシズムのためのスポーツ祭典や芸術祭典はその後も、スペイン人民への連帯の意味も込めて各国でさまざまに開催された。七月二十六日にパリで開催された大スポーツ祭典、ベルリン・オリンピックに対抗して八月一日から九日にかけてプラハで開催されたプラハ人民スポーツ競技会(57)、八月一日から十月中旬にかけてアムステルダムで開催された国際芸術展示会、がその例である。イギリスではこれらの催しに参加したという記録はないが、フランス労働組合指導者が呼びかけたスペイン労働者を支援するための壮大な連帯の示威行動と接続してパリで開催されたスポーツ大会には、フットボール・チームを送っている。「招待を受けて十四日という短時日のうちに、イギリス労働者スポーツ協会は、これまでにグレート・ブリテンを代表した最強のフットボール・チームを召集した。チームは申し込みがあった三百人以上の志願者のなかから選抜され、九月十三日・日曜日にパリでスペイン労働者の代表チームと対戦することになった。（略）四万人が、激しくも友好的にプレーして堂々

写真8　国際旅団に加わったイギリスのトム・マン百人隊
（出典：https://www.vamosblog.co.uk/wp-content/uploads/2017/07/Civil2.jpg［2019年7月17日アクセス］）

たる闘いぶりだったゲームを観戦した。試合は三得点のスペイン同志の勝利だった。（略）彼らのほとんどがスペインの戦火のなかから来たのだが、戦闘の小康時に試合のための練習をおこない、彼らのマネージャーは前もって二日くつろいだと述べていた」(58)。この引用文は「レイバー」一九三六年十月号の記事からの抜粋だが、イギリスの労働者スポーツマンもスペイン労働者を支援したいという強い意思をもっていたことがうかがわれる。

　スペイン支援では、クラリオンCCが地道な努力を重ねていた。それは、「スペインのためのキャンペーンでサイクリストは何をしているか」を尋ねた「デイリー・ワーカー」編集者宛ての一通の手紙から始まったと言われる。一九三七年に入ってすぐに、クラリオンCCロンドン・ユニオンはスペイン食料護送キャンペーンへの支持を決定し、国際旅団基金に十シリングを寄付している。キャンペーンの一環として、ロンドン・ユニオンに加盟する八百人の会員から、一人三ペンスと物品（十本のたばこの束、二分の一ポンド〔一ポンドは約四百五十グラム：引用者注〕のコーヒー、めいっぱいクリームミルクが詰まった缶詰、一ポンドの砂糖、スープの缶詰）を集める計画が立てられ、実行に移された。(59)この中心にいたのがジェフリー・ジャクソンだった。三月下旬のクラリオンCCイースター大会の折にも、国際旅団、医療救援委員会と全国青年医療委員会の基金のために、二十ギニー（四百二十シリング）を補助する決定をおこなっている。(60)

スペイン支援は単に資金・物品による支援だけではなかった。イギリスの作家ジョージ・オーウェルは『カタロニア讃歌』のなかで、「なぜ民兵部隊に参加したかと尋ねられたら、「ファシストと戦うため」と答えただろう。何のために戦っているのかと尋ねられたら、「人間に共通の品位のため」と答えたことだろう」(61)と記しているが、イギリスの労働者スポーツマンの何人かも同様の志をもって共和国防衛のためにスペイン内戦に加わった。クラリオンCC南部カウンティ・ユニオンのレイ・コックスは国際旅団に加わって闘い、若き命をスペインに散らしたのだった。彼の死は、前述のイースター大会の折に敬意をもってたたえられた。

注

（1）Organisation Committee, Olympiada Popular de Barcelona. Press Service (English Edition), No.5, 8th June 1936. [University of Warwick Library. Modern Record Centre: MSS.292/808.91/4]

（2）上野卓郎「一九三〇年代二つのスポーツインターナショナル関係史」Ⅰ・Ⅱ・Ⅲ、「一橋大学研究年報　社会学研究」第三十七・三十九・四十巻、一橋大学、一九九九・二〇〇一・二〇〇二年、前掲「〈研究ノート〉ベルリン・オリンピック反対運動」三八―四三ページ、前掲「補論Ⅰ　チェコスロヴァキア労働者スポーツ運動」二八七―三〇四ページ

（3）アメリカでのベルリン・オリンピック反対運動については、中村哲夫「IOC会長バイエ゠ラトゥールから見た東京オリンピック」（坂上康博／高岡裕之編著『幻の東京オリンピックとその時代――戦時期のスポーツ・都市・身体』所収、青弓社、二〇〇九年）を参照。そのほか、邦語文献では、前掲『ナチ・オリンピック』の第三章「ドイツ・オリンピックと「スポーツ精神」」と前掲『ヒトラーへの聖火』の第四章に若干の説明がある。英語文献では、とりあえず以下の文献を参照のこと。Guttman, *The Olympics*, Stephen R. Wenn, "Death-knell for the amateur athletic union: Avery Brundage, Jeremiah Mahoney, and the 1935 AAU convention", *International Journal of the History of Sport*, Vol.13, No. 3, 1996.

（4）Moshe Gottlieb, "The American Controversy Over the Olympic Games", *American Jewish Historical Quarterly*, Vol.61, No.3, 1972 で、モシェは「十月十日、「スポーツのフェアプレー委員会」と呼ばれる特別なグループが設立された」と記しているが、出典資料を明示していないので十月十日という日程を確認することはできない。

（5）Minutes of National Workers' Sports Association Sub-Committee Meeting, 8th May 1935.［Peoples' History Museum: CP/ORG/MISC/5/7］ところで、当時のイギリスの資料では、固有名詞としてのOlympic の用語はほとんど使用されず、People's Olympiad や Workers' Olympiad のようにもっぱらOlympiad の用語が使用された。ただし、Olympic Games や Olympic Movement のように形容詞としてのOlympic の使用は多数見られた。本書では、当時の用法に従って赤色スポーツインターや社会主義スポーツインターが管轄する大会をオリンピアードと表記し、IOC管轄の大会について現在国際的に定着している用語のオリンピックを使用する。ただし正式には、近代オリンピックでの「オリンピアード」は夏季オリンピックが開催される年から始まる四年間の期間を指し、また夏季オリンピックの正式名称は「オリンピアード大会」(Game of the Olympiad) である。なお冬季オリンピックは正式名称も「オリンピック冬季大会」であってオリンピアードとは呼称されない。

(6) Ibid.

(7) G. Sinfield, “Der Weg des englischen Arbeitersports (Schluss)”, *Internationale Sportrundschau: Zeitschrift für Theorie und Praxis der Körperkultur*, Jahrgang III, Nr.11, November 1935, S. 441-442. なお、赤色スポーツインター機関紙「国際スポーツ評論」(Internationale Sportrundschau) は上野卓郎氏（一橋大学名誉教授）所蔵のものを利用させていただいた。

(8) *Ebenda.*

(9) Geoffrey J. Jackson, “Die zukünftigen Aufgaben der englischen Arbeitersportler”, *Ebenda*, Nr.8, August 1935, S. 317.

(10) 拙著『イギリス労働者スポーツ運動史——一九二三—五八年』(青弓社、二〇一九年) の第3章第6節を参照。

(11) H. R. Underhill, “Workers at Play”, *Labour*, November 1935, p. 71.

(12) Notes of Deputation from Trades Union Congress to the Home Secretary, 2nd December 1935.〔University of Warwick Library, The Modern Recordes Centre: MSS.292/808.91/2〕詳しくは本書第3章を参照。

(13) H. R. Underhill, “Workers at Play”, *Labour*, December 1935, p. 95.

(14) *Daily Worker*, March 23, 1936, p. 6.

(15) H. R. Underhill, “Workers at Play”, *Labour*, July 1936, p. 287.

(16) Hršel, “Im Kampfe um die Massen: Auszüge aus den Diskussionsreden der Länderdelegierten auf

der Konferenz de Sportintern", *Internationale Sportrundschau: Zeitschrift für Theorie und Praxis der Körperkultur*, Jahrgang IV, Nr.3/4, März-April 1936, S. 89-91.

（17）Martin, *Ebenda*, S. 100-101.

（18）前掲『イギリス労働者スポーツ運動史』一三二一一三六ページ

（19）"Das "Internationale Komitee zur Verteidigung des Olympischen gedankens"ist gegründet", *Internationale Sportrundschau: Zeitschrift für Theorie und Praxis der Körperkultur*, Jahrgang IV, Nr.1, Januar 1936, S. 32-33.

（20）"Internationale Konferenz der Gegner der Hitlerolympiade", *Ebenda*, Jahrgang IV, Nr.5, Mai 1936, S. 124-127. この文書によれば、「ベルリンでのオリンピック大会実施に反対するフランス行動委員会」に名を連ねた各国代表のなかに、ロバート・モンド、ウォルター・シトリーン、F・E・ワーナー（イギリス・フェアプレー委員会書記）の三人のイギリス人が含まれている。

（21）František Prošek, "Lidová olympiáda v Barceloně r. 1936（フランチシェク・プロシェク「一九三六年バルセロナ人民オリンピアード」)", Acta Universitatis Carolinae, gymnica. 1969 č. 1, str. 156. このプロシェク論文については、切刀俊雄氏（奈良女子大学）試訳を利用させていただいた。記して謝意を表したい。

（22）International Conference of Adversaries of the Hitler Olympiad and Friends of the Olympic Movement. Minutes, 6-7th June 1936.［Peoples' History Museum: CP/ORG/MISC/6/5］この英語資料からわかるように、国際フェアプレー委員会パリ国際会議は、「ヒトラー・オリンピアードの敵手とオリンピック運動の友の国際会議」とも称されていた。

（23）Comite International de Defense de L'idee Olympique: Contre les Jeux Olympiques de Berlin=Against the Olympic Games of Berlin=Tegen de Olympische Spelen te Berlijn, Bruxelles:Editions Continentales, 1936.［Bibliothecae Publicae et Universitariae Pragensi］このパンフレットについては、切刀俊雄氏がプラハ国民図書館で複写したものを利用させていただいた。

（24）Ibid., p. 20.

（25）International Conference of Adversaries of the Hitler Olympiad and Friends of the Olympic Movement. Minutes, 7th June 1936, pp. 3-4.

（26）Ibid., p. 13.

（27）Ibid., pp. 5-6.

（28）Ibid., 6th June 1936, p. 5.

（29）Ibid.

（30）*Manchester Guardian*, December 7, 1935, p. 8. この論説は、前半部分が「マンチェスター・ガーディアン」編集長宛ての手紙であり、後半部分がＩＯＣ会長バイエ＝ラツールへの公開書簡の抜粋だった。バイエ＝ラツール宛ての公開書簡は、この年の十一月三十日には書き上げられていた。公開書簡で彼が立論の基礎としたのは、「友愛と和合の精神」に基づく「平等の原則」だったが、この「平等の原則」から逸脱するユダヤ人などの差別的な取り扱いとスポーツの政治的利用について告発し、それを黙認しているＩＯＣの姿勢を問いただすことが、公開書簡の趣意だった。詳しくは本書第2章第6節を参照。

（31）International Conference of Adversaries of the Hitler Olympiad and Friends of the Olympic Movement. Minutes, 7th June 1936, p. 6.［PHM/CP/ORG/MISC/6/5］

（32）Ibid.

（33）Ibid.

（34）Ibid., p. 7.

（35）Ibid. 国際フェアプレー委員会は、ベルリン・オリンピックを監視するための五人からなる代表団を派遣した。フランスの元オリンピック陸上競技選手のジオ・アンドレ、アメリカ・フェアプレー委員会のウイリアム・チェンバレンとフランシス・A・ヘンソン、イギリスのオリンピック・トレーニング委員会のエドワード・C・ハーディング、チェコスロヴァキア・オリンピックチームのE・ロシツキー、がそのメンバーだった。ちなみに、イギリスのハーディングは労働者スポーツ運動の関係者ではないが、バルセロナ人民オリンピアードには招待されてイギリス代表団に加わった人物である。

（36）Ibid.

（37）Ibid.

（38）Ibid.

（39）Ibid.

（40）Ibid.

（41）Olympiada Popular de Barcelona. Organisation Committee. Press Service（English Edition）, No.5, 8th June 1936, p. 1.［MRC/MSS.292/808.91/3］

（42）George H. Elvin and H. R. Underhill（BWSA Joint General Secretary）, BARCELONA POPULAR OLYMPIAD. PRESS INFORMATION, 9th June 1936.［MRC/MSS.292/808.91/4］英語による人民オリンピアードの表記は、主にPeople's Olympiadだが、まれにPopular Olympiadとも表記される。ただし、バルセロナ人民オリンピアード組織委員会発行の英語版の「プレス・サービス」などでは、例外なくPeople's Olympiadと表記された。別に、人民戦線の表記の仕方については、イギリス共産

党書記長ハリー・ポリットがコミンテルン第七回大会での発言のなかで、People's Front と Popular Front を併用していた。どちらも意味に違いはない。

（43）Ibid.

（44）Minutes of National Committee Meeting of CCC held at Valley House, Cheshire, 12th and 13th June 1936.［Manchester Central Library. Local Study Unit: 061/i/2］

（45）Letter from Barcelona People's Olympiad Organisation Committee to Walter Citrine（Secretary of TUC General Council), 12th June 1936.［MRC/MSS.292/808.91/4］

（46）Ibid.

（47）Letter from Walter Citrine to H. R. Underhill, 22nd June 1936.［MRC/MSS.292/808.91/4］

（48）Letter from H. R. Underhill to Walter Citrine, 24th June 1936.［MRC/MSS.292/808.91/4］

（49）Stephen G. Jones, *Sport, Politics and the Working Class*, p. 189.

（50）British Workers' Sports Association, BARCELONA PEOPLE'S OLYMPIAD. PRESS INFORMATION, 15th June 1936.［MRC/MSS.292/808.91/4］

（51）Olympiada Popular de Barcelona. Organisation Committee. Press Service（English Edition), No.5, 8th June 1936, p. 1.［MRC/MSS.292/808.91/3］

（52）*Daily Worker*, July 3, 1936, p. 6.

（53）British Workers' Sports Association. Organising Committee for Team for Barcelona People's Olympiad. PRESS INFORMATION, 24th June 1936.［MRC/MSS.292/808.91/4］

（54）*Daily Worker*, July 8, 1936, p. 6.

（55）*Daily Worker*, July 14, 1936, p. 6.

(56) H. R. Underhill, "Workers at Play", *Labour*, August 1936, p. 311.
(57) プラハ人民スポーツ競技会が、ベルリン・オリンピック反対運動からチェコスロヴァキア・スポーツ界の民主的改革に寄与するものへと、その目的と性格を転換していく過程を論じた研究に、切刀俊雄「チェコスロヴァキア人民スポーツ運動における「スポーツ・フォア・オール」のスローガン」(成田十次郎先生退官記念会編『体育・スポーツ史研究の展望――国際的成果と課題 成田十次郎先生退官記念論文集』所収、不昧堂出版、一九九六年)がある。イギリスのベルリン・オリンピック反対運動が自国のスポーツ界にほとんど影響力を及ぼさなかったことを念頭に置くと、チェコスロヴァキアの事例はきわめて先進的なものだった。
(58) H. R. Underhill, "Workers at Play", *Labour*, October 1936, p. 51.
(59) *Daily Worker*, January 30, 1937, p. 6.
(60) *Ibid.*, p. 5.
(61) ジョージ・オーウェル『カタロニア讃歌』都築忠七訳(岩波文庫)、岩波書店、一九九二年、二六四ページ

第2章　ノエル＝ベーカーによるオリンピック憲章擁護の闘い

はじめに――『スポーツの人、平和の人』の述懐

フィリップ・ノエル＝ベーカーは、晩年に「オリンピック運動は私の生涯で最高のものであり、今世紀に真に驚くべき成功を成し遂げた唯一の国際的運動である(1)」と述べたように、その全生涯を通じてオリンピック運動に献身した。ケンブリッジ大学に在籍した当時から陸上競技で頭角を現し、一九一二年から第一次世界大戦を挟んで二四年までに三回のオリンピック大会に出場し、二〇年大会の千五百メートル走で銀メダルを獲得、二四年大会ではイギリス選手団の主将を務めた。その後は、イギリス・オリンピック協会の役員として、文字どおりオリンピック運動を担い支え続けたの

である。彼は何度となくオリンピック運動で試練に直面したが、生来の楽天主義と理想主義、そしてフェアプレーの精神で、くじけることなくオリンピック運動を擁護し続けた。

また彼は生涯を通じて、スポーツの人であるとともに平和の人だった。第一次世界大戦後に国際連盟の事務局で働き始め、一九二四年にはロンドン・スクール・オブ・エコノミックスの国際関係論の初代教授になり、二八年には国際法の学識をもって労働党政策綱領の外交分野の部分を起草するなど、平和・軍縮の国際活動に尽力した。世界恐慌とともにベルサイユ体制の安定が崩れ、各国にファッショ的な独裁政治体制が誕生した三〇年代に入ると、ノエル＝ベーカーはイギリス国内での「平和投票」の計画・組織化、イタリアのアビシニア侵略への制裁の要求、ナチスの侵略阻止と共和国スペイン擁護の活動などに全力を傾けた。両大戦間期を通じて、彼の頭脳と身体は労働党の活動と平和・軍縮運動に忙殺され続けた。しかし、彼の意図に反して第二次世界大戦は起こってしまった。戦後、彼はその経験をふまえて、武力ではなく平和外交による国際問題解決を図って正義と人権を擁護するための機関・国際連合の創立に参画し、次いでパグウォッシュ会議や原水爆禁止世界大会などの運動に尽力した。八一年八月八・九日に長崎で開催された原水爆禁止世界大会には九十一歳の高齢を押して出席し、挨拶と決意表明をおこなっている。このような平和と軍縮のための国際活動が評価されて、彼は五九年にノーベル平和賞を授与された。

ノエル＝ベーカーについて研究した人々はみんな、彼の平和・軍縮運動への功績をつづっている。また、唯一出版されたノエル＝ベーカーの伝記には、「平和のための闘士」としての彼の思想と行動が克明に記録されているし、(2) 国際関係史の研究でも、彼は「法による平和」を説いた戦間期理想主義者の一人として取り上げられ、「一九二〇年代から一九五〇年代に至る間ずっと、軍縮と国際法問題に関する労働党内随一の権威だった(3)」と評価されている。

以上のように、オリンピック運動と平和・軍縮運動の二足のわらじを履き続けたノエル＝ベーカーは、一九八〇年のモスクワ・オリンピックを前にして生涯最後の試練に直面した。それは、七九年冬のソ連のアフガニスタン侵攻に関するイギリス国内での論戦で、ある保守党の議員がモスクワ・オリンピック・ボイコット(4)を正当化する論拠として、三六年のベルリン・オリンピックをボイコットしたノエル＝ベーカーの行為を例として持ち出したからだった。この議員の言動に対して、ノエル＝ベーカーは怒りを爆発させた。このときのノエル＝ベーカーの心境については、オリンピック運動で彼と歩みをともにしてきたドナルド・アントニーの編集によるノエル＝ベーカーのスピーチ・エッセー集『スポーツの人、平和の人』から知ることができる。アントニーが次のように書き留めていることに注目したい。

写真9　フィリップ・ノエル＝ベーカー：1889年11月1日生―1982年10月8日没。1942年に撮影
（出典：https://upload.wikimedia.org/wikipedia/commons/3/33/Philip_Noel-Baker_1942.jpg［2019年7月21日アクセス］）

> ベルリン・オリンピックはその年の中心的なスポーツ・イベントだった。しかし、フィリップは出席しなかった。一九八〇年のモスクワ大会に関してイギリス国内で熱い議論がおこなわれている最中に、反モスクワの議員は、フィリップ・

ノエル＝ベーカー（一九八〇年オリンピック大会の忠実な支援者）がかつて一九三六年大会を「ボイコットして」いたと申し立てた。これはノエル＝ベーカーの猛烈な反論を呼び起こした。彼が述べるには、「私がベルリン大会に出席しなかったことは確かだが、これは、私がアドルフ・ヒトラーの考え方が邪悪であると思ったからではない、確かにそう思いはしたが。それは、ユダヤ人とドイツの労働者政党の党員がチームに加わることを許されていない、と私が理解したからだった。本質的な違いがそこにある。（略）しかし振り返ってみると、これは私の生涯での最悪の誤りの一つだった。三六年以来ずっと私は、ベルリンのスタジアムで、私の友人ゴッドフリー・ブラウンが四百メートルで金メダルを勝ち取るのを見るべきだった、そして、すばらしい黒人男性ジェス・オーエンスがアドルフ・ヒトラーの人種理論の無意味さを証明するのを見るべきだった、と思い続けてきた[5]」。

この引用文にはノエル＝ベーカーが語った箇所があるが、これはわれわれが参照しうる一次資料にはない。この件について筆者がアントニーに手紙で問い合わせたところ、次のような返信があった。「フィリップがベルリンについて語ったことは、私が知る文書にはありません。しかし彼は、私たちに口頭でそれについて説明したのです[6]」と。つまり、前出の引用文で語られていることは、ノエル＝ベーカーがアントニーらに非公式に伝えたものであり、またベルリン・オリンピックからほぼ半世紀たって語られたものだったのである。それは彼の死の二年前のことだった。アントニーは、長らくノエル＝ベーカーのアシスタントとして、またイギリス・オリンピック協会委員として、オリンピック運動に携わってきただけに、ノエル＝ベーカーのベルリン・オリンピックについての意味深い述懐を文字に残そうと考えたのだろう。だが、ノエル＝ベーカーへの配慮からか、彼はこの述懐に関して何の注解も残さなかった。

次いで、モスクワ・オリンピック前にもう一つ厄介な問題が持ち上がった。ノエル＝ベーカーが外務・連邦大臣のダグラス・ハードから、モスクワ・オリンピック不参加を要請する政府勧告に同意を求める手紙を受け取ったのである。(7) この半ば強圧的な外務・連邦大臣の手紙に対して、ノエル＝ベーカーは、ベルリンとモスクワの二つのオリンピックに関する自分の考え方を簡潔に説明する返書を送った。そこに書いてある内容はきわめて重要なので、要点を以下に記す。それは、第一に、モスクワ・オリンピックのボイコットを決定した政府の態度は、「オリンピック運動の全面的な無視に、そして一九三六年にベルリンで起こったことの全面的な誤解に基づくもの」であること、第二に、ベルリン・オリンピックが伝えたメッセージはヒトラーの策略を無に帰し、「すべての国民がオリンピック大会によって劇的に感動的に表される共通の利害と友情で互いに結ばれ」たこと、第三に、ノエル＝ベーカーは「ドイツ人の友人からの豊富な証拠をもって」いたので、「ベルリンで何が起こり、その後どうなったのかを説明した記述はまったく正当なもの」だったこと、第四に、モスクワ・オリンピックが発するメッセージは、ソ連の軍事侵略に反対するロシア国民の感情を強めること、第五に、ノエル＝ベーカーが「オリンピック運動は私の生涯で最高のものであり、今世紀に真に驚くべき成功を成し遂げた唯一の国際的運動であると考えて」いること、(8) だった。この返書には、三六年当時のドイツで起こっていた事実の把握、その事実の誤解に基づくイギリス政府の

図5　ベルリン・オリンピックのポスター
（出典：https://cdn.shopify.com/s/files/1/0895/0864/products/1345722_1024x1024.jpeg?v=1453640901［2019年7月21日アクセス］）

主張への反論と、オリンピック運動による平和貢献や戦争の無力化への期待とが入り交じっているが、彼のオリンピック運動に対する不動の意思がはっきりと理解できる。

このようにして、モスクワ・オリンピックの不参加問題に関する論争に巻き込まれたノエル＝ベーカーは、事態の深刻さを考慮して、一九八〇年三月十七日付の「ガーディアン」に「オリンピック――政治によって破壊されるにはあまりに貴い」と題する論説を公表して、オリンピック運動の存続意義を広く訴えた(9)。イギリス政府の勧告に対して内々で異を唱えるだけでは、問題の解明にも事態の収拾にも役立たないと考えたからだった。この論説は、ベルリン・オリンピック当時の彼の心情を誠実に語るとともに、イギリス政府がソ連のアフガニスタン侵攻に対して明確な制裁の姿勢を示さないでおきながら、その代償としてモスクワ・オリンピックをボイコットさせようとした、その対応のまずさと欺瞞性について告発し、最後に、長い歴史をもつオリンピック運動がどれほど国際平和に貢献しうるかを力強く説くものであった。アントニーの筆者への返信には、「フィリップがベルリンについて語ったことは、私が知る文書にはありません」

と記してあったが、実は、ノエル＝ベーカーはアントニーら身内に語った述懐とあまり変わりない主張を、この論説でも記していたのである。「ベルリン大会に出席しなかったことは（略）私の生涯での最悪の誤りの一つだった」と辛辣に自己批判する記述こそなかったが、「ベルリンに行かなかったという私の自己犠牲は、有益な目的のために何の奉仕もしなかった」などの見解は率直に語っていたのである。

これまでの考察から以下のことが明らかとなる。つまり、ノエル＝ベーカーは、ユダヤ人と労働者政党の党員がドイツ代表チームに加わることをナチ政府が認めなかったためにベルリン・オリンピックには参加しなかったと説明していて、また、ベルリン・オリンピックへの不参加については強く後悔しているものの、そのときの状況認識は間違っていなかったと断言していた。さらに、モスクワ・オリンピックの開催がソ連の軍事侵略へのロシア国民の反感を強めることになるとも記していた。彼は、ベルリン・オリンピック以後多くの試練に直面してもなお、オリンピック運動の国際的な影響力に対して絶大な信頼を寄せていたのである。

いまとなっては、ベルリン・オリ

写真10　ジェシー・オーエンスの走り幅跳びの跳躍場面
（出典：http://s3-ap-northeast-1.amazonaws.com/static.amanaimages.com/imgroom/cen3tzG4fTr7Gtw1PoeRer/22214/22214002377.jpg［2019年7月21日アクセス］）

ンピック不参加を生涯での最悪の誤りの一つだったと述懐したノエル＝ベーカーの真意はつかめない。しかし当時彼が、どのような人との交流のなかで、どのような状況認識のもとに、ベルリン・オリンピックに反対せざるをえなかったのか、またどのようなやり方で反対を表明したのか、そして最終的にオリンピック運動の何を擁護しようとしたのかについては、われわれは史実をたどって客観的に考察しなければならないと考える。(10)それが本章の課題である。

1　ノエル＝ベーカーによる最初の問い合わせ（一九三三年五月）

ベルリン・オリンピック反対運動は、ドイツでナチスが政権を取った一九三三年一月から始まる。それは、各国のオリンピック運動の関係者、平和運動の闘士、人種差別に反対する人々が、ベルリン・オリンピックを政治的・文化的ナショナリズムの発揚の場として利用しようとするナチスの策謀に危機感をもち、また、ナチスがナチスの政策に反対する人々やユダヤ人をドイツのスポーツ界から排除しようとしたことに憤りを感じたからだった。最も早くにベルリンからの開催地移転を訴えたのはアメリカの反対者たちだった。三三年三月に、「ニューヨーク・タイムズ」がベルリンでの大会開催に疑問を投げかけ、同年六月のＩＯＣウィーン総会で、チャールズ・シェリル委員らが競技で人種差別をしないようベルリン大会組織委員会の代表に確約を迫るなどの行動を起こした。そして三五年秋には、競技での人種差別の証拠を注意深く検討した後、アメリカ競技連合会長のジエレマイア・マホニーらが、十二月のアメリカ競技連合の総会に向けてボイコットを組織する大運動を展開していった[11]。

イギリスではノエル＝ベーカーが、一九三三年五月という早い時期に第十一回オリンピックのベルリン開催を問題視する手紙を友人のエヴァン・ハンターに送っている。エヴァン・ハンターはイギリス・オリンピック協会書記の要職にあり、イギリス・オリンピック協会内でオックスフォード大学陸上競技部を代表する立場にあった。

ノエル＝ベーカーは五月二十二日付の手紙で、エヴァン・ハンターに次のように問い合わせた。すなわち、ノエル＝ベーカーは「次のオリンピック大会がベルリンで開催されるべきかどうかの問題について、あなた〔エヴァン・ハンター：引用者注〕に手紙で問い合わせるように多くのところから懇願され」ているとまず告げて、「オリンピック議定書に背い」て、「いまから一九三六年までに、すべてのナショナル・チームからユダヤ人を組織的に排除するのであれば、ユダヤ人は大会に参加することを事実上妨げられる」のだから、「大会は他のところで開催されなければならないといまする結論を下すことが可能であるのかどうか[12]」と問うた。このとき、ノエル＝ベーカーはジュネーブで世界軍縮会議の二年目の活動を展開中であり、きわめて多忙だったにもかかわらず、その活動のなかで、平和・軍縮運動の活動家たちからベルリン・オリンピックに疑問を呈するよう懇願を受けたのである。こうした懇願は、「ここジュネーブでのおびただしい数の良識ある審判によって、政治的な見地からの要望として私に押し付けられた[13]」のだとノエル＝ベーカーは説明している。良識ある政治的な見地からの要望は、ノエル＝ベーカーにとってそれが正当ではあっても「押し付けられ

写真11　3代アバーデア男爵（クラレンス・ブルース）：1885年8月2日生―1957年10月4日没。IOC委員（在任期間1931―51年）。1930年に撮影
（出典：https://upload.wikimedia.org/wikipedia/en/thumb/c/c4/The_3rd_Baron_Aberdare_in_1930.jpg/220px-The_3rd_Baron_Aberdare_in_1930.jpg［2019年7月21日アクセス］）

た」ものと感じられたのだった。

ノエル＝ベーカーからハンター宛てのこの手紙の写しは、ハンター自身によって、イギリス・オリンピック協会議長でありＩＯＣ委員でもあるアバーデアのもとに送られた。これはハンターの一存でなされたことだが、次期オリンピックをベルリンから移転するのかどうかの問題はＩＯＣの議決事項であり、その意味で、彼がこの問題に関与できるアバーデアに、ノエル＝ベーカーの手紙の内容を知らせたことは当然だった。ノエル＝ベーカーの問い合わせの中身を、それだけ重要な問題とハンターも考えたのだろう。彼はノエル＝ベーカー宛ての返書のなかで次のように語っている。

「オリンピック大会がベルリンで開催されるのかどうかという事柄は目下非常に難しい問題であり、ＩＯＣがそのことを非常に心配しているのを私は知っています。（略）多くのオリンピックの問題と同様に、私は関係するすべての人々が満足するようにそれが解決されることを期待しています(14)」

と。この文章から、エヴァン・ハンターが六月のIOC総会での検討に期待を寄せ、そうした期待をノエル＝ベーカーにも伝えたということができる。これに対するノエル＝ベーカーの感謝の手紙は、オリンピックの問題にはまったくふれず、イギリス帝国競技大会に役員として参加しているハンターの労をねぎらう内容になっていた。

この往復書簡からは、ノエル＝ベーカーが、この時期にこの問題をこれ以上大きくしようとは考えていなかったことがうかがわれる。エヴァン・ハンターと同様に、IOC総会の議論に期待を寄せていたのだろう。

2　ノエル＝ベーカーとハロルド・エイブラハムズの往復書簡

エヴァン・ハンターとの手紙のやりとりがあってから二年以上の空白の後、ノエル＝ベーカーは再び、というより今度はベルリン・オリンピックへの反対の立場を固めて、新たにさまざまな人々との情報交換、議論、交渉を開始する。その中心的な議論や交渉の相手はイギリス・オリンピック協会委員のハロルド・エイブラハムズだった。エイブラハムズに宛てた手紙は、一九三五年九月二十四日付のものが最初である。[15]エイブラハムズはこの当時、イギリスのオリンピック運動を実質的に担っていた人物だったから、ノエル＝ベーカーが彼との交渉から始めたのは道理にかなったところだった。

写真12　ハロルド・エイブラハムズ：1899年12月15日生―1978年1月14日没。1924年パリ・オリンピック100メートル金メダリスト。1921年に撮影
（出典：https://upload.wikimedia.org/wikipedia/commons/c/c8/Harold_Abrahams_1921.jpg［2019年7月21日アクセス］）

ところで、ノエル＝ベーカーがこうした議論や交渉を開始したのは、まさにアビシニア（エチオピアの旧称）危機が生じて議論された時期と重なっていた。イタリアの軍隊がアビシニアを攻撃したのは十月三日だったが、すでにその三カ月前の六月二十一日に、ノエル＝ベーカーは国際連盟同盟[16]でともに活動する保守党政治家のロバート・セシルに、次のように書き送っている。「アビシニアがますます気にかかっています。私の戦慄。ドールトンは、ヒトラーがあまりに危険であるために、われわれがムッソリーニと言い争ってはならないし、また最悪の惨事がヨーロッパに続いて起こらないように、M（ムッソリーニ）をH（ヒトラー）との同盟に追い込んではならないと主張する傾向にありました。しかし私は、それは党（労働党）の態度ではないだろうと確信していますし、事実私は平和の女神を心に抱きながらも、弱腰にならないようにヒュー（ドールトン）を説得しています[17]」と。

この手紙を書いた同じ六月の二十八日には、セシルとノエル＝ベーカーが中心的に推し進めた

「平和投票」[18]の結果が発表され、国際的軍縮と集団安全保障の重要性がイギリス国民の圧倒的多数（返答が得られた千百万人のうちの九〇パーセント）によって求められていることが、衆目の一致するところとして示された。こうした国民の声はノエル＝ベーカーやセシルらが加わっていた国際連盟同盟の政策を肯定するものだったが、イギリス国内の平和投票の質問項目をめぐって労働党内では意見対立が現れた。つまり、平和投票の最後の質問の、もし必要とあれば侵略者に対して軍事的手段を用いてもいいか、という項目（実際、投票者の七四・二パーセントが賛成の回答を寄せた）をめぐって対立が生じたのである。[19]労働党内の平和投票への反対者は、こうした質問は戦争を挑発するものと批判した。同じような労働党内の対立はアビシニア危機に際しても現れ、前述のノエル＝ベーカーのセシル宛ての手紙にも記されていたように、侵略者への確固とした制裁を要求しないドールトンをはじめとする労働党全国執行委員会の若干の委員を牽制し包囲する動きが労働党内にあった。

そうしたなかで、ＴＵＣの大会では、戦争の危険を冒してでもイタリアを抑止するという回答を労働党全国執行委員会に送ることが決定された。これを受けての十月初めの労働党大会はかなり紛糾した。最終的に、国際連盟規約に定められたすべての必要措置を求める全国執行委員会による決議案が承認され、ヒュー・ドールトン、ハーバート・モリソンらの融和論者もしぶしぶこれを認めたが、クリップスらは国際連盟を盗賊組合と呼んで認めず、最後まで連盟の措置に強力に反対した。[20]挙国政府の手に軍備を委ねることに労働党は一致して反対だったが、集団安全保障をめぐる議論は意見が分かれて第二次世界大戦が勃発するまで収拾がつかなかったのである。

以上のように、平和投票からアビシニア危機に至る政治課題をめぐって、労働党内の見解をイタリアへの厳しい制裁を求める方向に組織するための活動に、労働党全国執行委員会委員であるノエル＝ベーカーは忙殺されていたのである。そして、こうした運動の最中に、ノエル＝ベーカーはエイブラハムズをはじめとしてさまざまな人々と、ベルリン・オリンピックをめぐって手紙で情報交換や議論をおこなっていたのであった。

さて、九月二十四日付のエイブラハムズ宛ての手紙だが、このなかでノエル＝ベーカーは重大な相談をもちかけている。つまり、ノエル＝ベーカーは、「来年ベルリンでオリンピック大会が開催されることに反対して進められている扇動」を援助する意向であることをエイブラハムズに伝え、そうした「扇動」の勝算について意見を聞いている。しかも、「もしそれが確実に失敗する運命にあるのでしたら、それに無駄な時間を費やすときではありませんし、私はいまとても忙しいのでなおさらです[21]」とも伝えている。ノエル＝ベーカーがとても忙しいと記しているのは、すでに見たとおりである。

この手紙へのエイブラハムズの返答は九月二十五日付の返書にある。ノエル＝ベーカーが尋ねた「扇動」の勝算について、エイブラハムズは次のように記して明確な回答を避けている。「私は、ドイツで公布された良識的な法律のため、情勢全体を再考するようイギリス・オリンピック協会に求めることが妥当だと思っていますので、問題の全体にわたって話し合うために、すぐにでもノエル・カーチス＝ベネット、アバーデアとバーレイに会いたいと思っています。当初からの私自身の考えは、もしいくつかのスポーツ協会が強攻策を採り、「これはオリンピック大会が開催できる環境ではない」と主張したのであれば、口では言い表せないほどの善をなしただろう、ということです。しかし、世論はそのとき、そのような決定を下すには機が熟していませんでしたし、また、私のほうでも、たまたまちょっとした身ぶりで示した以外は、何もしない一人のユダヤ人でしたから、少しばかり感情の憤りを感じたにすぎないのです[22]」と。

ドイツの良識的な法律とは何だったのか。これはユダヤ人の市民権を剥奪したニュルンベルク法（一九三五年九月十五日制定）を皮肉った表現だったと思われるが、この法律を機に、情勢全体を再考するようイギリス・オリンピック協会委員に求めたいとエイブラハムズがノエル＝ベーカーに伝えていることは注目に値する。またこの件について、エイブラハムズは、ニュルンベルク法によって「宣言された国家の公式の態度が、ユダヤ人をまったく断固として下等なものと見なしていますから、どんな約束もまったく価値がありません」とも伝えていて、ニュルンベルク法への怒りが感じ取れる[23]。しかし、もっと早くにオリンピック開催地をベルリンから移転しようという声が上がっていれば、またエイブラハムズ自身もそうしていれば、情勢は変わっていたかもしれないと付け加えているのは、現時点でのベルリン拒否の扇動は難しいと読み取れなくもない。

写真13　デイヴィッド・バーレイ（6代エクセター侯爵）：1905年2月9日生—81年10月22日没。IOC 委員（在任期間1933—81年）。IOC 副会長（在任期間1952—66年）。国際アマチュア陸上競技連盟会長（在任期間1946—76年）。撮影時は不詳
（出典：http://www.fidal.it/upload/images/RUBRICA/David_Burghley2.jpg［2019年7月21日アクセス］）

ノエル＝ベーカーはエイブラハムズのこの返書に対して再度手紙を送り、「タイムズ」に投書することをエイブラハムズに約束している。「あなたがアバーデア、デイヴィッド〔バーレイ：引用者注〕他の人に会うご予定でしたら、私がまず「タイムズ」に投書を公表して、論点のすべてを提起しておきましょう。私の手元には、亡命者が残したかなり質がいい証拠文書があるのです[24]」。このようにノエル＝ベーカーが、ベルリン・オリンピックについて「タイムズ」の紙面を借りて問題提起をするつもりだったこと、これを行動の突破口にしようとしていたことが理解できる。

以上のハロルド・エイブラハムズに宛てたノエル＝ベーカーの二通の手紙から、次の二点が了解される。第一に、ノエル＝ベーカーはベルリン大会の開催に反対する運動を援助しようと考えているが、時期的にそれに見込みがあるのかどうか躊躇していたこと、第二に、とにかく手元にある証拠文書をもとに「タイムズ」にベルリン・オリンピックに関する問題を提起しようとしていたこと、である。

3　ノエル＝ベーカーへの反対運動援助の要請

本節では、第一の点、すなわち現時点で期待があまりもてそうにない反対運動をなぜ援助していくことになったのかについて、ノエル＝ベーカーのその後の手紙を追いながら検討していく。

ノエル＝ベーカーは、十月初旬は労働党大会で、アビシニア危機をめぐる党内論争や交渉のためにブライトンに缶詰め状態であり、その後は、十一月十四日の総選挙へ向けての準備や政策づくりで多忙だった。この間に、彼のもとに三通の手紙が届いていたが、彼が返書をしたためたのは十一月二十六日以降であり、そのなかで、第一の点に関わる自分の考えを書き記すことになる。ノエル＝ベーカー宛ての一通目の手紙は十月二十三日付のアイダ・M・ウィットワースからのものであり、二通目は十一月十八日付のG・W・カドバリーの手紙、三通目は十一月二十六日付のウィル・A・Fの手紙だった。この三人の人物の詳細はわからないが、共通してノエル＝ベーカーに、ナチスによるスポーツ界でのユダヤ人差別の実態を告げ、ベルリン・オリンピックの開催に反対する運動を組織するよう求めている。

まずはウィットワースの手紙である。ウィットワースは、「現在のドイツでのユダヤ人と非アーリア人への迫害には、もう一つ別の側面があります。それについてあなたに助言していただきたいのです。それは、この冬にガルミッシュ・パルテンキルヒェンで開かれるオリンピック大会に関することです」と告げて、「ドイツはこのオリンピック大会から財政的に多くのものを望んでいますので、もし全面的な抵抗が組織されるならば、何らかの効果があるだろうと私は信じています」と、ノエル＝ベーカーに協力を要請している。(25) ウィットワースはスポーツ関係者ではなく、ナチスの差別と迫害に反対する運動に関与する人物のようであり、彼の手紙はイングランドのウエストモーランドから出されている。以前にもウィットワースはノエル＝ベーカーに、イギリスに亡命してきたプリングスハイム教授のことで援助を求めていた。

カドバリーもノエル＝ベーカーに対して次のような協力要請をしている。「私が思うに、おそらくドイツ人はオリンピック大会を彼らの特別な宣伝の手段として利用するでしょう。あなたは、一人のアスリートとして、そして陸上競技界での卓越した人物として、われわれが黙ってこのような宣伝を受け入れ、また他のあらゆる分野と同じくスポーツの世界に、ドイツ人の道理に合わない理屈を受け入れるべきだとお考えでしょうか。あなたは、大会のボイコットの可能性と難しさについては、私が知る以上にご存じでしょうが、しかし私は、それが考慮されるべきであり、また人種差別の暗黙の容認にもかかわらず大会への参加が認められることを許すよりは、少なくともイギリスの立場を問題全体にわたって明らかにすることをまじめに提案したいのです[26]」と。カドバリーもまた、手紙の記述から判断して、イギリスで人種差別反対の運動に携わる人物だったと思われる。彼は直近の六年間、トインビー・ホールのレジデントで、イースト・ロンドンの大学セツルメントに関与していた。

三人目のウィル・A・Fも、前二者とほぼ同じような協力要請をしているので、詳細は省く。しかし、以下の記述には注目しておきたい。それは、「現在の状況下にあるユダヤ人スポーツ組織の地位に関する報告書の訳文（急いで私のために準備されたもので、十分なものではありません）を同封いたします。これは信頼できる資料から作成されていて、あなたがお望みであれば、さらに入手することができるでしょう[27]」と記してあることだ。実際、亡命者が残した複数の証拠文書がノエル＝ベーカー文書に所蔵[28]されているが、かなり綿密な調査と複数の資料から情報を得てドイツでのユダヤ人スポーツマンと組織の差別の現状が記されていて、こうした情報がノエル＝ベーカーの判断に役立ったことは間違いない。

この三通の手紙に対するノエル＝ベーカーの返書の中身には、どの返書もきわめて簡単なものであるにもかかわらず、彼の率直な思いが記されている。いちばん率直に彼の思いを語っているのがウィル・A・F宛ての返書なので、それを全文引用する。

お手紙ありがとうございます。私は、ベルリンでのオリンピック大会について、長らくユダヤ人、オリンピック競技者その他の人々と連絡をとってきました。

これは非常に入り組んだ問題ですが、二年前に思い切って決定すべきだったのにそうしなかった臆病な人々のせいで、事態はいっそう難しくなっています。この押し迫った時期に大会を中止するのはほとんど不可能なことです。冬季競技会が二カ月後に始まることになっていますのでなおさらです。何十万ポンドもの経費が、すでにその準備に費やされていることを思い起こしてください。

もし私が反対するのであれば、イギリスの参加に責任をもつ人々の敵意を招くでしょうし、以後の私の影響力を弱めてしまうでしょう。にもかかわらず、私は「タイムズ」に手紙を書いていますし、「マンチェスター・ガーディアン」にまさに掲載されようとしている反対の意思を表した論説を支持します。(29)

ここには、本論の展開と関係してきわめて重要な事柄が記されている。それらを整理して示すと次のようになる。第一に、決定権をもつ人々の臆病のせいで事態が悪化したことへの憤り、第二に、ベルリン・オリンピックまで一年を切った時点で反対を表明することの難しさ、第三に、自分の同僚の敵意を招いてでもベルリン大会反対の意思表示を「タイムズ」の紙面を使っておこなおうとしていること、第四に、「マンチェスター・ガーディアン」に掲載が予定されている、大会反対の意思表示をした論説（後述の十二月五日と六日付のE・A・モンタギューの論説）を支持していること、である。第一と第二の点に関して補足すると、「二年前に思い切って決定すべきだった」とは、一九三三年五月二十二日付のエヴァン・ハンター宛ての手紙でノエル＝ベーカーが期待していたこと、つまり、その年の六月に開かれたIOCウィーン総会で、アバーデアらが中心になって大会開催地をベルリンから移転する決定を下すべきだったことを示している。しかし、この決定は下されなかったのであり、彼は、ベルリン・オリンピック反対の意思表示をすることがいまとなっては遅すぎると判断していたのである。それにもかかわらず、自分の立場を悪くしてでも反対の意思表示をすることを決意した背景には、ウィットワース、カドバリー、ウィル・A・Fがノエル＝ベーカーに宛てた手紙と資料の影響があったと見ていいだろう。

4　ノエル＝ベーカーが投書を「タイムズ」に公表しなかった理由

次に第二の点、すなわちノエル＝ベーカーが「タイムズ」でベルリン・オリンピックに関する投書を公表する、としていることについてである。実は、この投書は結局「タイムズ」に公表されることはなかった。いわば、草稿のまま日の目を見なかったのである。まずは、なぜこの投書が日の目を見なかったのかについて検討したい。投書の内容の詳細な分析は第6節「ノエル＝ベーカーの二通の投書」でおこなう。

「タイムズ」への投書が公表されなかった件に言及しているのは、ノエル＝ベーカーが「マンチェスター・ガーディアン」の編集長、W・P・クロージャーに宛てた十二月四日付の手紙である。以下に、その箇所を引用する。

私が相談したハロルド・エイブラハムズとモンテフィオーリの二人は、イギリス・ドイツ対抗フットボール・マッチについての労働組合会議の抗議に対して憤慨し、オリンピック大会について反対を表明するには時期が悪いと考えているようです。彼らは一時期よりも世論がより親ナチ的だと考えていまして、それで私の投書を公表しませんでした。ですから、私が彼らの忠告に従って行動する場合に、私が彼らの頭越しに「タイムズ」に投書を送ることはかなり難しいことなのです。そのために私は、彼らが時期がいいと考えるまで、それを延期することにします。

彼らは二人とも、ベルリンへのイギリス・チームの派遣を中止する希望がないこと、そして、われわれが望みうる最良の行動は、反ユダヤ主義を承認しないとイギリス・オリンピック協会が表明するというある種ひ弱な意思表示であること、を確信しているのです。

あなたのお好きなときにどうか私の投書を公表してください。(30)

この手紙から明らかなことは、ノエル＝ベーカーがエイブラハムズらの公的な立場を考慮して「タイムズ」への投書をとりやめにしたが、そのかわりに「マンチェスター・ガーディアン」に別の投書を掲載してくれるよう依頼していることであり、そしてナチスに対する「反ユダヤ主義を承認しない」というだけのエイブラハムズらの姿勢を「ひ弱な」ものと感じていたことである。

この問題に関しては、十二月三日付のエイブラハムズからノエル＝ベーカー宛ての手紙で補足することができる。エイブラハムズがノエル＝ベーカー宛てに手紙を書いたのは、「タイムズ」に送付予定のノエル＝ベーカーの投書が事前に送られてきていたからだが、さてエイブラハムズはどのような返答をしたのだろうか。

> 私は熟慮の末「タイムズ」にその投書を送りませんでした。（略）私たちには最も都合が悪く感じられる、イギリス・ドイツ対抗フットボール・マッチに対する労働組合会議による行動のために、そしていまのところむしろ親独的でさえある公衆の感情のために、時期が悪いのです。（略）私は、あなたが何かを成し遂げたいという強い願いを心に秘めておられることは理解いたしますが、何かが成し遂げられるだろうとは信じておりません。[31]

さらに、十二月四日付のノエル＝ベーカーからエイブラハムズ宛ての返書から、次の二点を挙げておきたい。第一点は、繰り返しになるが、「もちろん私は、あなた［エイブラハムズ：引用者注］

が時期が悪いとお考えであれば、「タイムズ」に私の投書を送ることはいたしません」と約束していることであり、第二点は、「あなたが労働組合会議の行動について述べられたことには、私はまったく同意できません。私の思うに、それは非常にいいことであって、ナチのデモンストレーションをおそらく阻止したでしょう。もちろん、ヒトラーが最も破廉恥なやり方で、試合に政治的な役割を負わせていることは明白です[32]」と記していることである。

ここへきて、ノエル＝ベーカーとエイブラハムズの理解と考え方にはっきりとした食い違いが認められる。つまり、イギリス・ドイツ対抗フットボール・マッチ[33]へのTUCの介入についての二人の見解の相違にも見るとおり、エイブラハムズがオリンピックのベルリン開催を優先させて、ノエル＝ベーカーのナチスへの抗議を控えさせたのに対して、ノエル＝ベーカーは、ナチスの反ユダヤ政策に対するエイブラハムズらイギリス・オリンピック協会の消極的態度に不満を抱き、何らかの抗議行動を起こさなければならないと考えていたことである。

5　エイブラハムズの主張とイギリス・オリンピック協議会の決定

ではなぜエイブラハムズは、TUCの行動のせいで、またむしろ親独的でさえある公衆の感情のためにナチスへの抗議には時期が悪いと考えたのか、その論拠はどこにあったのか、ノエル＝ベーカーとの見解の違いを理解するために、まずこの点の検討をしておきたい。

十二月四日にトッテナム・ホットスパー・グラウンドで開催されたイギリス・ドイツ対抗フットボール・マッチについてはイギリス国内で意見が二分し、反対派の抗議行動が試合前から展開されていた。反対派は、全労スポーツ協会などの労働者スポーツ組織の他に、労働組合や青年組織などにまで及び、ロンドン地区の共産主義青年同盟、労働党青年同盟のロンドン諮問委員会、ロンドン労働組合協議会、全国鉄道労働組合ウッドグリーン支部などが、その重要な構成組織だった。(34)

エイブラハムズが親独的な公衆の感情と述べたことは、実はいくつかのイギリスの代表的な新聞の記事に基づくと考えられ、それを論拠としてTUCの行動を非難したと理解できる。つまり、エイブラハムズが論拠としうるような新聞記事が多数認められるのである。その主な記事は以下のとおりである。(35)「スポーツへの政治の介入はあまりに忌まわしく、人間らしい交友の泉に毒を入れることである」(「ニューズ・クロニクル」十一月二十八日付)。「今日、歴史上初めて、フットボールの出来事が外務省と内務省に割り込んだ」(「イヴニング・スタンダード」十一月二十九日付)。「この島で同国人がフットボールをプレーするのを見ることが許される前に、政治的正しさの試験を受けることが外国人に必要であるとは、TUCを除いて、いつ誰が考えついたのか」(「モーニング・ポスト」十一月二十九日付)。「奇妙で不健康」(「デイリー・テレグラフ」十一月三十日付)。「悪意あるもの」(「デイリー・メイル」十一月三十日付)。「こんなふうに考えることは、イングランドの精神と相いれない」(「タイムズ」十二月三日付)。見るとおり、多くの代表的な新聞がTUCの行動に異議を唱えていた。

では、これらの新聞で批判されたTUCのスポーツへの政治的介入とはどのようなものだったのか、多少回り道になるがこの点を確認しておく必要があるだろう。その政治的介入とは、十一月二十七日付でTUC総評議会書記長ウォルター・シトリーンが内務大臣ジョン・サイモン宛てに手紙を送り、イギリス・ドイツ対抗フットボール・マッチの開催中止を求めるとともに、十二月二日のTUC代表団と内務省代表との懇談会で、意見交換と再度の要望提出をおこなったことを指していた。[36]

この懇談会でシトリーンらが主張したことは以下の点だった。つまり、ヒトラー政府はドイツの他のすべてのスポーツ組織、例えば大戦以来かなり大規模にスポーツを実施していたカトリック組織、キリスト教会に付属する組織、キリスト教会のプロテスタント支部、社会主義組織および数多くの独立した組織を解体し、その基金を没収したこと、しかも、ユダヤ人はスポーツ施設から締め出され、アーリア人とプレーすることを許されていないこと、さらにドイツ・チームに同行すると思われる多数のドイツ人によるロンドンでの行進に、大規模な警察の護衛を付けるにはかなりの出費を要し、しかもイギリス在住のユダヤ人がそうした行進を喜んで見守るとは考えにくいことを指摘し、言葉には出さないが暗に試合の中止を求めたのである。[37]

これに対する内務大臣ジョン・サイモンの返答の要点は以下のとおりだった。すなわち、いくつかの新聞が報道した内容とは異なり、TUCが政治をスポーツに持ち込もうとは望んでいないことをまず正当に評価したうえで、この試合が「純粋に私的で非常に名声の高い組織〔フットボール協会：引用者注〕によって準備された純粋なスポーツ・コンテスト」[38]であって、試合はどのような政治的な意味ももたないこと、したがってイギリス内務省の管轄外の問題だと説明したのである。

このTUC総評議会と内務省の議論は最後まで平行線をたどった。ただし、内務大臣ジョン・サイモンがTUCの行動に理解を示したことは特筆に値するだろう。

当初の問題に立ち返ろう。エイブラハムズが指摘した親独的な公衆の感情とは、「タイムズ」をはじめとした保守的穏健派の新聞記事やサイモン内相が主張したスポーツの政治的中立と、それを根拠としたナチスへの抗議の抑制のことであって、決して実際の世論が親独的だったというわけではなかった。そして多分に、エイブラハムズの状況把握は新聞記事の我田引水であり一面的でもあった。というのも、国際連盟同盟によってなされた「平和投票」の結果では、侵略者に対する制裁を強く求める声が大多数であり、状況はおよそ親独的な公衆の感情などと言えるものではなかったし、すべての新聞がイギリス・ドイツ対抗フットボール・マッチに賛成だったわけでも、TUCの行動を批判したわけでもなかった。例えば、シトリーンが前記の会議で引用した十二月二日付の「サンデー・レフェリー」（最大の発行部数を誇る）の記事は、「イギリス外務省は、イギリス人の感情がドイツ政府の残忍性と人間的理解の欠如によってきわめて反独的であることを知っていて、その両国を互いに接近させることはスポーツ・イベントによっても、したがってフットボール・マッチによっても果たしえないと感じている」(39)と記していたし、「マンチェスター・ガーディアン」は、連日紙面を割いて主観を交えることなくシトリーンらの主張を掲載しながら、ドイツ・チームやサポーターたちの様子を伝えていたのである。

さて、これまでに見たように、ノエル＝ベーカーもエイブラハムズも、それぞれ論拠とする情報をもとに主張して対立していたが、それにとどまらず、二人の見解がある面で鋭く衝突したのは、個人的な考え方のずれだけでなく、二人が属する団体の状況認識と方針の違いが背景にあったのである。

エイブラハムズにとっては、イギリス・オリンピック協会とIOCの決定が絶対だった。エイブラハムズがノエル＝ベーカーに手紙を送った日付と同じ十二月三日のイギリス・オリンピック協会[40]の会議録には、ベルリン・オリンピックのための「基金の訴え」の趣旨が詳しく記されている。ここに記されているのは、単に選手派遣の費用のために寄付金が必要であるというばかりでなく、ベルリンで開催されるオリンピックになぜイギリス代表を参加させるのか、という論拠に関わることだった。エイブラハムズがここでの決定をきわめて重視していたことが見て取れる。当該箇所を以下に引用する。

訴えの手紙の文書作成について、また大会の価値に公衆の注目を集める最良の方法について、議論が起こった。エイブラハムズ氏は、国際オリンピック委員会がドイツに大会を割り当てたのであり、そして必要とあらばこの委員会は大会を移転させたが、彼らがそこで大会を開催することが正しいと感じているかぎり、グレート・ブリテンは大会を支持すべきだと考える、と述べた。これは確かなことであり、協会は、グレート・ブリテンがこの大会に代表を送るべきことをイギリス・スポーツの最大の関心事と見なしていることを、訴えの手紙で述べることが望ましいだろう。こうすることによって、参加するのが賢明であるのかどうか、とさまざまな場で示された懸念が晴らされるだろう。

議長は、エイブラハムズ氏によって述べられたことに原則として同意し、彼の見解が容易に訴えの手紙に組み入れられると考えた。アバーデア卿とノエル・カーチス＝ベネット卿の両者は、大会が国際オリンピック委員会に属するものであって、ドイツ政府に属するものではない、手紙ではその点にも言及するべきである、ということを強調した。（略）以下の点が訴えの手紙に具体化されるべきであると決定された。

一、大会は国際オリンピック委員会に属すること。

二、オリンピック大会の憲章に定められた第一の根本原則は、大会は可能なかぎり完全な条件の下で、平等な立場ですべての国のアマチュアを集めることにあること。イギリス・オリンピック協議会は揺るぎなくこの原則を守ること。

三、グレート・ブリテン・チームは、競技選手の出自、宗教的信念ないし政治的信条とは無関係に選抜されること。われわれがベルリンに派遣するチームは、イギリス国民を代表する統一したチームであること。

四、どのような出自や信念にあるイギリス人であっても、イギリス・オリンピック協議会が大会に与えた支持を承認することに躊躇しないこと。

五、協議会は、いずれの競技者に対する示威行動もまったく起こらないだろうという、大会に責任を負う人々の十分な保証を得ていること。[41]

ここでの議論と決定の要点は、ＩＯＣ決定の尊重、大会主催権限のＩＯＣへの帰属と国家からの独立ということになるだろう。この会議録は、訴えの五項目も含めてイギリス・オリンピック協議会の見解を明瞭に伝えていて、ベルリン・オリンピック反対論者の主張と対比するときに資料としては優れて重要である。また、この会議でハロルド・エイブラハムズの主張が結論になったことにも注目しておきたい。つまり、エイブラハムズがノエル＝ベーカーに対して、ベルリン・オリンピックへの抗議行動の勝算はないと書き送った手紙は、ベルリン・オリンピックへの参加を確認したイギリス・オリンピック協議会の公式決定をふまえてのものだったのである。

以上の考察から、エイブラハムズは、TUCの行動や公衆の感情について「タイムズ」のような保守的穏健派の新聞の報道をもとに判断し、イギリス・オリンピック協会の決定に基づいてノエル＝ベーカーに対して意見を表明したことが理解できるだろう。しかし、エイブラハムズが利用した新聞記事に多分に感情的な批判が目立ったように、当時のイギリスのジャーナリズムは政治的な団体がスポーツ問題に干渉することを嫌悪する傾向を強くもっていて、こうしたジャーナリズムが社会的にかなりの影響力をもっていたことも事実だった。

6　ノエル＝ベーカーの二通の投書

公表されなかった「タイムズ」編集長宛ての投書

前節までに示したように、当初ノエル＝ベーカーは、「タイムズ」に投書を公表しようと考えていたが、ハロルド・エイブラハムズの意見に従ってこの投書をとりやめにし、「マンチェスター・ガーディアン」への投書だけを公表したのだった。ベルリン・オリンピックに異議を唱える投書は、十二月七日の「マンチェスター・ガーディアン」に掲載された。ノエル＝ベーカーの主張が公にされたのは唯一この投書だけだった。

本節ではまず、公表をとりやめにした「タイムズ」編集長宛てのノエル＝ベーカーの投書を検討し、それがどのような内容のもので何を要求していたのか、を明らかにする。次いで、「マンチェスター・ガーディアン」掲載の投書の内容と要望事項について検討し、半年後にベルリン・オリンピックの開催を控えたこの差し迫った時期に、なぜベルリン・オリンピックの放棄を主張したのか、について明らかにする。

まずは、「タイムズ」編集長宛ての投書を取り上げる。かなり長いものだが全文引用する。

拝啓　来年ベルリンで開かれるオリンピック大会を統轄することに責任をもち、そしてイギリス・チームをその大会へ参加させることに責任をもつ著名な諸機関に対して、貴社のコラムを使って大胆にもいくつかの質問を提出させていただきます。

これらの機関は、大会で個人的な体験を得るすべての人と以下の点で合意するでしょう。すなわち、理想によって鼓舞され、現体制の規律によって統制された「全体主義国家」では、オリンピック運動全体の最も重要な成果だった「オリンピック環境」を作り出すことは難しいだろうということです。こうしたオリンピック環境のもとで、あらゆる種類の政治的見解も、人種や皮膚の色や宗教の相違も、また多くの目的のためには国籍や言語の相違さえも、いちいち気にかける必要がなく、そのためにすべての大陸からの競技者たちは、完全に平等な資格で、しかも真のスポーツマンシップが成り立つ自発的な友情と騎士道にかなった理解のもとで出会うのです。

これらの機関はまた、ドイツ・チームがその精神を他のチームとの間で分かち合うことは非常に難しいだろう、ということにも同意するでしょう。というのは、第三帝国では、政治がすべての組織的競技のすべての側面に入り込んでいるのです——強要されてもいます。大部分のドイツ人——平和主義者、国際主義者、少し前に国民の多数を組織していた左翼政党の著名なすべての支持者、そしてユダヤ人——は、近代史で匹敵するものがない迫害によって、「オリンピック・クラス」の獲得のために欠くことができない準備を進めることを、力ずくで阻まれています。

ドイツ・チームは政治的な理由で選抜され、ドイツ国民のごく一部を代表するでしょう。このようなあからさまな拒絶に対しては、身体と心理の両面でオリンピック競技者のトレーニングがなされなければならないことを知る誰をも納得させはしないでしょう。

これらの重大な困難は、私の知るかぎり、ベルリン大会への参加問題にどのような態度をとるにしても、オリンピック運動と関係をもつすべての人々に同じ苦悩をもたらしています。しかし、私があえて注意を求めるのは、これらの重大な困難にではなく、法と原則のより限定された論点についてです。

オリンピック議定書――つまり、オリンピック運動全体が築かれてきた基本的な規約――は、きわめて重要な二つの条文を含んでいます。

オリンピック大会は平等な資格で、あらゆる国のアマチュアをともに集める。

概して、ある一国に生まれた者かその国の市民権を得た国民だけが、その国旗のもとにオリンピック大会で競い合う資格がある。

国際オリンピック委員会が一九三四年に、第三帝国ではこれらの条文はどのようにユダヤ人競技者に適用されるのか、と問うたときに、ドイツの代表は以下のように回答しました。

一、ウィーン（総会）の約束は注意深く守られるだろうし、ドイツを代表する好機をつかんだすべての競技者は、練習する機会を与えられるだろう。
二、そのために、ドイツの競技協会は、ユダヤ退役軍人協会とマカビ組織に対し、オリンピックのための優秀な人材をトレーニング・コースに送るように求めた。それについては、ユダヤ退役軍人協会が一九三四年三月十八日付の手紙で同意している。
三、ドイツ市民であることだけが、将来のドイツ・チームのメンバーに求められるのであり、非アーリア人も好機をつかむだろう。

四、ドイツ人のスポーツマンシップと規律は、ユダヤ人競技者に対する差別行為をまったく不可能にしている。

これらの保証が与えられなければ、国際オリンピック委員会がベルリンから大会を移転させるだろうことは、疑問の余地がないでしょう。保証が満たされないかぎり、委員会はやはり大会を移転すべきでしょう。国際オリンピック委員会もイギリス・オリンピック協会も、その保証が精神でも条文でも実現されてきた、とまじめに信じることができるでしょうか。

二つの事実が回答を与えると思われます。

第一は、一九三五年九月二十五日にユダヤ電報局によって伝えられたように、ドイツの「マカビ」組織が、その二万人のユダヤ人会員が被っている差別待遇は帝国スポーツ長官が定めた規則に反するものだという理由から、三四年に約束した協力を撤回した、という事実です。

第二は、その最近の立法によって、第三帝国がユダヤ人からドイツ市民権を奪ったこと、その結果一九三四年に国際オリンピック委員会に約束した保証の第三点目が無に帰したこと、そして名誉あるオリンピックのユダヤ人代表が自動的に除外されることです。この立法が基礎を置く公開された原則は、ユダヤ人が劣等人種であるというものです。

あえて私が国際オリンピック委員会とイギリス・オリンピック協会に提出しようとする疑問は、以下のものです。

議論の余地がない前記の事実に照らして、どうしたら私たちは、オリンピック議定書が条文でも精神でも、ベルリンで遵守されるようにし向けていくことができるでしょうか。

議定書が公然と違反されたことを知りながら、オリンピック大会が実施され、しかもイギリス・チームが抗議せずに参加するようであれば、オリンピック運動がそこから被るだろう容易ならぬ打撃から立ち直ることを、私たちはどうして期待することができましょうか。

大会を禁止することやイギリスの不参加から生じる挫折を経験することは、すべての人種とすべての国民の無条件の平等という根本原則を掘り崩すばかりでなく危険なことでしょうが、そうした平等の原則なくしては、オリンピック運動全体は必然的に挫折するほかないのです。(42)

この投書は、オリンピックの理想や環境にそぐわないドイツの差別の実態を突き付けて、IOCとイギリス・オリンピック協会の見解をただすとともに方針変更を求める内容になっている。要点を絞って記せば、ノエル＝ベーカーは、オリンピック憲章の二つの条文に違反し、しかも一九三三年と三四年のIOC総会でのドイツ代表の回答を反故にするような、ユダヤ人競技者の差別の実態を明らかにして、「すべての人種とすべての国民の無条件の平等という根本原則なくしては、オリンピック運動は挫折するほかない」から、IOCはベルリンから大会を移転すべきであり、またもしベルリンで大会が開催されるならばイギリス・オリンピック協会は参加をとりやめるべきである、と主張したのである。

「マンチェスター・ガーディアン」掲載の投書

次に、十二月七日付で「マンチェスター・ガーディアン」に掲載された投書について検討する。もともとノエル＝ベーカーは、「タイムズ」に自分の投書が掲載された後で「マンチェスター・ガーディアン」に別の投書を掲載してもらうつもりでいて、「私の心情を吐露した文書が「タイムズ」に掲載されるまでは」「マンチェスター・ガーディアン」の原稿を伏せておくように編集長のクロージャーに依頼していた。(43) 前述のように、「タイムズ」編集長宛ての投書は、主にイギリス・オリンピック協会やアマチュア陸協の返答を求める内容になっていたが、「マンチェスター・ガーディアン」掲載の投書は、一般国民に向けて、四十年を経過したオリンピック運動の意義と精神、それを侵害するドイツの状況、そして、この切羽詰まった段階でベルリン・オリンピックを放棄する理由を説明する内容になっている。二つの投書は内容的にはほぼ同じものだが、訴える対象が明らかに違っていたのである。「タイムズ」編集長宛ての投書はエイブラハムズらイギリスのオリンピック運動関係者に訴えるものだったから、エイブラハムズらの立場を考慮して公表を差し控えても我慢できるものだったが、「マンチェスター・ガーディアン」掲載の投書は広く国民に訴えるものだったので、ぜがひでも公表せざるをえなかったのだろう。この投書でノエル＝ベーカーの主張を公にすることが、彼の責任であり大義だった。

以下に、「マンチェスター・ガーディアン」掲載の投書全文を二つに分けて引用する。この投書は前半部分が「マンチェスター・ガーディアン」編集長宛ての手紙であり、後半部分がＩＯＣ会長のバイエ＝ラツールへの公開書簡の抜粋だった。

近代オリンピック運動はちょうど四十年前に始まりました。それが存在した最初の十年間は、その進歩は疑わしく、ゆっくりとしていました。ロンドンで大会が開催された一九〇八年にもなお、何人かの最も熱心な国際スポーツの信奉者を含めて多くの人々は、その運動がそれほど野心的でなかったのではないか、またその運動自体のうちにそれを失敗に帰さなければならないような生得的な弱点を抱えていたのではないか、という疑いをもったままでした。一二年のストックホルムで、そうした疑念は最終的に取り除かれました。それ以来、ぞっとさせる戦争の逆流にもかかわらず、オリンピック大会は大成功に次ぐ大成功を収めてきました。二〇年にアントワープで大会が復興して以降の短い波乱の時期に、オリンピックはすでに名声を勝ち得ていて、その最も楽観的なスポンサーたちは、その短い期間により多くのものを望むことができました。

競技者だろうと役員だろうと、そこで役割を果たした人々にとって、大会で最も重要なことは、彼らが加わるさまざまな国のチームの間に作り出す友愛と和解の精神なのです。その精神の作用を目の当たりにしていない者には、その重要性や力を理解することはできないでしょう。それは疑いなく、国際オリンピック委員会の決然とした粘り強い努力から大部分生じたのですが、それは、参加した何千人もの道理をわきまえた競技者の自覚的で機敏な努力によって支えられた、真のスポーツマンシップを成り立たせる礼儀正しさ、慎み、そして公正な価値観を説くためのものでした。

しかし、国際オリンピック委員会と出場チーム自身の聡明なメンバーによるこれらの努力は、彼らがどのような国家、人種もしくは宗教的コミュニティに属そうとも、すべての競技者の根本的な平等の原則に基づかないかぎり、明らかに失敗してしまうでしょう。この原則は法に基づいていて、事実オリンピック運動の立憲的な基礎でありました。その原則は、それが困難を伴うにせよ、オリンピック運動を価値あるものにしていくあらゆることの精神的な基礎でありました。この原則は、応用したときにどんな意味をもつのでしょうか。それは、大会の組織からあらゆる種類の政治的な斟酌をなくすことを意味し、とりわけ、諸外国との友好的な競技で祖国を代表する名誉を重んじる誠実なアマチュア競技者が被っている政治的その他の差別待遇の影をすべて排除することを意味します。

しかし、大陸の独裁政権下にあるいくつかの「全体主義」国家は、その国境の内側でこの原則をゆゆしくも危機にさらしました。それらの国家は、「政治」をその最も嫌悪すべき形で、あらゆる種類の競技組織に持ち込みました。またそれらの国家は、国民の心の中にあるスポーツの価値をゆがめるために、その権力に潜むものをあらわにしました。そしてナチ・ドイツでは、貴社の競技通信員がみごとに示したように、この過程がいきつくところまでいったのです。この過程は、外国の観察者に嫌悪を抱かせるところにまで、そしてドイツ自体では、何がスポーツマンシップかを理解する人々の嘲笑の的となるところにまで至ったのです。その最も嫌悪すべきものが、ナチ党によるユダヤ人の扱いのなかに表れています。

国際オリンピック委員会が今日の時点で、次のオリンピック大会が開催されるべき場所を決定しなければならなかったとしたら、彼らは一瞬たりともベルリンを考慮しなかっただろうことはまったく確実です。もし彼らがベルリンに決定したのであれば、オリンピック運動のすべての未来が依存しなければならない不可欠の原則を危険にさらしてしまうことを、彼らが容認したことになるでしょう。しかし、状況がまったく違っていたときになされた決定に彼らが執着するのであれば、この原則をまったく同じように危険にさらしてしまうことを、彼らは理解できないのでしょうか。そして、彼らがそれを理解できないときには、イギリス・オリンピック委員会が自ら、ベルリンにチームを派遣することがオリンピック原則を危険にさらし、われわれが出場することが愚かなことであり、実際に災いをもたらすだろう、と判断を下す意思はないのでしょうか。

この切羽詰まった段階で、ベルリン大会を放棄することは容易でない問題でしょう。しかし、貴社の競技通信員がまったく聡明にも主張したように、われわれが参加することで不可欠の原則の明らかな侵害を許してしまうことは、いっそう重大な問題になるでしょう。この原則の上にだけ、国際スポーツで友好的に競い合うための世界組織が築き上げられるのです。(44)

ノエル＝ベーカーが主張する第一は、大会で最も重要なことが「さまざまな国のチームの間に作り出す友愛と和解の精神」であり、「国際オリンピック委員会と出場チーム自身の聡明なメンバーによるこれらの努力（友愛と和解の精神を作用させる努力）は、彼らがどのような国家、人種もしくは宗教的コミュニティに属そうとも、すべての競技者の根本的な平等の原則に基づかないかぎり、明らかに失敗してしまう」ということ、第二は、一九三五年十二月の時点で「ベルリン大会を放棄することは容易でない問題」だろうが、「われわれが参加することで不可欠の原則の明らかな侵害を許してしまうことは、いっそう重大な問題となる」ということ、だった。ここに示された不可欠の原則とは、前項の末尾で示したすべての競技者の平等の原則を意味した。

次に、後半のＩＯＣ会長バイエ＝ラツール宛ての公開書簡（抜粋）を以下に引用する。この公開書簡から新たな事実が引き出せるだろう。

写真14　アンリ・ド・バイエ＝ラツール：1876年3月1日生―1942年1月6日没。IOC 会長（在任期間1925―42年）。右端アドルフ・ヒトラーの左側がバイエ＝ラツール（ガルミッシュ・パルテンキルヒェン冬季オリンピックの開会式会場）
（出典：https://upload.wikimedia.org/wikipedia/commons/5/5e/Bundesarchiv_R_8076_Bild-0019%2C_Olympische_Winterspiele.-_Er%C3%B6ffnung.jpg［2019年7月21日アクセス］）

貴社の読者は、私が国際オリンピック委員会会長のバイエ＝ラツール伯爵に申し入れた公開書簡からの以下の抜粋に関心をもたれることでしょう。

貴殿のオリンピアード声明は返答なしにすませることはできません。それは明らかにユダヤ人問題への言及を含んでいます。さて今日のドイツでは、すべての起こりうる困難がユダヤ人のトレーニングに現れていることは、疑う余地がありません。確かに、若干のユダヤ人に参加するよう求めることは、オリンピック規則の条文にかなっているように思われます。しかし、この規則の精神は、すべてのドイツ市民のトレーニングを等しく奨励していないことで、明らかに侵害されているのです。しかも、重要なのは条文なのか精神なのか、という質問に対して、不幸にもまだ貴殿の返答をいただいていません。

スポーツが非政治的であるという論点は、今回のオリンピアードとは無関係です。ドイツでは、スポーツはとことんまで政治的に演じられているのです。ちょっとした例で証拠としては十分でしょう。昨夏、ドレスデンだったかその近郊だったか、テニス・トーナメントの勝者が授賞式で失格にさせられました。彼が完全な国民社会主義者であると証明できなかったからです。カトリック・スポーツ協会が禁止されるという事実については言うまでもありません。政府は「政治を排除している」と叫んでいますが、社会は違った解釈をしています。不幸にもスポーツを政治で満たしてしまった政府は、スポーツと政治との関係のなかでは、政治的な感情によって支配される世界に耐え忍ばなければならないのです。

第十一回オリンピアードがベルリンに神聖な聖火を運ぶリレー走で幕を開けることを、貴殿もご承知でしょう。明らかに、差別することなく亡きヒーローたちに敬意を払うこともできないような国で、オリンピック聖火は平和のコンテストに火をともすだろうなどと恥ずかしげもなく（語り）、オリンピック聖火が「さまよえる者よ、汝がスパルタに来るならば……」という看板の向かいにあるテルモピレーまで運ばれなければならないとしたら、その火は消えてしまわないでしょうか。それがオリンピック精神なのでしょうか。そのような国は、そもそもオリンピック理念の継承者に値すると考えられるのでしょうか。

今日のドイツでのことは、すべてごまかしだと思われます。少数のユダヤ人が形式上招待されていますし、「ユダヤ人を入れるな」のプラカードがここ数日の間に撤去されつつあります——これはすべて訪問者の関心を引くためのものです。(45)


この公開書簡から重要な事実が明らかとなる。つまり、ノエル＝ベーカーが十一月三十日付でウィーンからIOC会長バイエ＝ラツール宛てに公開書簡を送っていたという事実である。残念ながら、ラツール会長からの返書は出されることはなく、「マンチェスター・ガーディアン」掲載の投書にその抜粋が掲載されるまでは、この公開書簡は公衆の目に触れるところとはならなかった。しかし、彼がラツール会長に公開書簡を送って、会長自身がオリンピック精神に反するドイツ政府の行為をどう判断しているのか、について問いただしたことは重要である。彼は、イギリス・オリンピック協会内の人間関係に頼って問題解決を図ろうとしたばかりでなく、IOC会長の見解をただすとともにIOCでの議論へと持ち込もうと意図したのであった。アメリカではアマチュ競技連合会長のジェレマイア・マホニーがラツール会長に公開書簡を送って返答を求めたが、イギリスではノエル＝ベーカーが同様の役割を果たしたのである。

さて、「マンチェスター・ガーディアン」への投書に記されたノエル＝ベーカーの主張の中身についてはは以上のとおりだが、最後に、彼がベルリン・オリンピックを放棄せざるをえなかった事情について一定の総括をしておきたい。つまり、彼は、さまざまな友人たちとの情報や意見交流を通じて、ナチスによるユダヤ人をはじめとする非アーリア人スポーツマンの差別の実態をかなり詳しくつかんでいて、しかも、この差別がオリンピック憲章の前述の二つの条文に違反し、また一九三三年のIOC総会でドイツ代表が誓約した事項にも反していることを複数の事実から確証できていたことから、これらの事実に目をつぶってベルリン・オリンピックに参加することはできなかったのである。それは彼の信念に反することであり、オリンピック運動や平和運動でともに闘ってきた人々の信頼を裏切ることだったろう。しかし、これは苦渋の選択だったと言える。ベルリン大会を放棄することは容易ならぬ問題ではあるが、われわれが参加することで平等の原則の侵害を容認することはできない、と記しているところに、彼の悲痛の決断が読み取れるだろう。

7 「マンチェスター・ガーディアン」に掲載されたモンタギューの論説

本節では、前節で検討したノエル＝ベーカーの二つの投書との関連で、「マンチェスター・ガーディアン」掲載のイーブリン・オーブリー・モンタギューの論説を取り上げる。[46]

ノエル＝ベーカーの投書が「マンチェスター・ガーディアン」に掲載される直前の十二月五日と六日の同紙に、モンタギューの詳細な論説が掲載された。この論説は「わが運動競技の通信員」によるもので、一般読者には匿名の記事としか見えないものだった。しかし、現在の目からは、十一月三十日付でノエル＝ベーカーがモンタギューに宛てた手紙から、この論説の作者がアマチュア陸協括委員会委員のE・A・モンタギューであることを知ることができる。(47) 彼が匿名にした真意は確認できないが、推察するに、イギリス・オリンピック協会がIOCの決定を認めてベルリン・オリンピック参加を決定していたことと関わりがあったと思われる。つまり、ノエル＝ベーカーがエイブラハムズの公的な立場を考えて「タイムズ」への投書をとりやめたように、モンタギューもイギリス・オリンピック協会の公式決定に背いて、実名で大会反対の論説を公表することを得策でないと考えたのではないだろうか。しかし、ベルリン・オリンピックが抱えた問題点を国民に伝えておくことは自分たちの義務である、と彼も考えていたのだった。

彼の論説は、ベルリン・オリンピック反対の論拠について、詳細に突っ込んで記しているという特徴があり、イギリス人の手による反対論としては最も優れたものであった。そして、第5節で示したとおり、この論説は公表前にノエル＝ベーカーが読んで支持を表明したものだった。彼ら二人は情報交換をおこなっていて、それぞれの立場から反対論を公表することを確認するとともに、およその役割分担をしていたものと思われる。彼ら二人、そしてエイブラハムズはアマチュア陸協委員であって、共通の情報や手紙をやりとりする関係にあったが、内部的にはさまざまな思惑や駆け引きがあったということだろう。加えて、「タイムズ」がどちらかというとイギリス・オリンピック協会委員などの公式見解を掲載したのに対して、「マンチェスター・ガーディアン」は大会反対論者の手紙や記事を掲載するという、ジャーナリズム側の立場や駆け引きも興味深いところだった。

モンタギューの論説は二日にわたって掲載されたわけだが、十二月五日の論説の見出しは、「新生ドイツのオリンピック大会／参加に反する事例／規則による締め出しか？／ユダヤ人競技者のナチによる扱い」であり、翌六日の論説の見出しは、「新生ドイツでのオリンピック大会／ユダヤ人競技者の扱い／外国からの抗議／イギリスとアメリカの印象」だった。

五日の論説には、この論説を公表する意図が記されているので、まずはその意図を確認しておきたい。

ほとんどの人々はまた、多くの国々、特にアメリカでの少数意見が、大会をある別の国へ移転してほしいと望み、もしそれが不可能であれば一九三六年の大会をともに棄権してほしいと望んでいることを知っている。この意見に反対する者は、それを純粋に政治的な根拠に基づくものとして、また、ボイコットによってナチズムへの不同意を示そうとするつまらない欲望であるとして、無視しがちである。実際にはむしろそれとは反対である。この意見は、オリンピック大会がそれを統括する諸原則の直接的な侵害なしにはドイツで開催されることができない、と考える人々の意見なのである。それは本質的に競技に関するものであり、政治的意見なのではない。(48)

この論説がベルリン・オリンピック反対の主張に賛同しているのは明白だが、ここでは、反対者が「本質的に競技に関する」問題として取り上げてきたことを重視しているのである。そして、彼らがなぜナチスのオリンピックに反対しているのかについて、論説は以下の点を強調する。それは、オリンピック憲章の「現在の問題との重要な関係をもっている二つの条文」と関係していて、「ドイツのオリンピック大会に反対する人々の主な論拠は、ドイツのユダヤ人がいまもその他の競技者と平等な立場で競技することができないでいるために、しかも、帝国議会の布告によって彼らがもはやドイツ生まれの者でも帰化した国民でもないために、それら二つの原則が必然的に侵害されるにちがいないというところにある」としているからだった。その二つの原則とは、ノエル＝ベーカーの投書にもあるとおり、以下の条文である。

一、オリンピック大会は、平等な立場でまた可能なかぎり完全な状態で、すべての国のアマチュアを招集する。

二、一般的に言って、ある国に生まれた者か、その国に帰化した国民だけが、その国の国旗の下にオリンピック大会で競技する資格がある。

つまり、五日の論説が説くところは以下の点にあった。オリンピック憲章の二つの条文のもとで、人種、宗教、政治的信条に関係なく同じ国民であれば平等に、オリンピックへの参加を、そしてそのためのトレーニングを保証されなければならないにもかかわらず、ドイツはその原則を無視し、実際上ユダヤ人のオリンピックへの参加の道を閉ざしている。しかも、ＩＯＣのウィーンとアテネの総会でドイツ代表がそのことを誓約していたにもかかわらず、ユダヤ人へのスポーツ差別を繰り返している。こういう二重の約束不履行の事実を、モンタギューの論説は指摘していたのである。

そこには、「本質的に競技に関する」問題として、ドイツ国内のナチスによるスポーツ差別の現状を告発するという態度が貫かれていた。

続いて、六日の論説続篇については詳細を省くが、要旨は以下のとおりである。まず、IOCの態度、特に会長バイエ＝ラツールの事実に反した発言を問題にし、次いでアメリカでの反対運動の実情と問題点を説明し、各国での抗議の様子を紹介していた。アメリカでの運動が強く意識されていて、そこでの反対派の勢力がかなり詳しく報告されていることが、この論説での特徴だった。また、アメリカの反対運動に「政治的な立場から主張する人々の扇動が入り込む」ことは問題だとしている点は、この論説の意図と関連して、モンタギューの立場や考え方を示すものとして注目しておく必要があるだろう。

あらためて指摘するまでもないが、ノエル＝ベーカーの投書とモンタギューの論説では、ドイツで起こっている事態についても、オリンピック憲章の二つの条文に違反している事実を挙げてベルリン・オリンピックに反対している点でも、ほとんど論旨に違いはない。

8　ノエル＝ベーカーの投書に対する国内外の反響

国内の反響

ノエル＝ベーカーが自分の主張を「マンチェスター・ガーディアン」に公表するまでオリンピッ

ク運動や平和運動に携わる友人や知人と情報や意見を交換していた期間は、一九三五年九月下旬から十二月初旬にかけてだった。彼は、「マンチェスター・ガーディアン」への投書によって、自分がなぜベルリン・オリンピックに反対せざるをえなかったのか、そしてオリンピック運動にとって大会をベルリンで開催することがなぜ問題なのかを世論に訴えて、自分の役割を果たそうとした。ノエル＝ベーカーがこれ以上何か具体的な行動を起こそうと考えていたとは思われない。

しかし、「マンチェスター・ガーディアン」掲載の彼の投書はさまざまな人々や団体の反響を巻き起こし、それによって彼はさらに、これまでとは違った組織の関係者と手紙のやりとりをすることになる。その中心は、その当時フェアプレー運動と称された欧米諸国のオリンピック理念擁護の運動組織だったが、ノエル＝ベーカーとはオリンピック憲章擁護という考えでは一致しながらも、その運動の方法は異なるものだった。

まず本項では、ノエル＝ベーカーの投書に対するイギリス国内の反響について考察し、次項で諸外国での反響について考察する。

投書に対する最初の反響は、モンタギュー・バートン社福祉課のM・スタインバーグと名乗る者からだった。スタインバーグからノエル＝ベーカー宛ての手紙は一九三五年十二月十八日付で届けられた。リーズ（現在の西ヨークシャーの都市）にあるこの会社はイギリスのユダヤ人所有の被服製造会社だったが、多くのスポーツクラブを抱えていて、たぶんそうしたスポーツクラブを統轄する部署が福祉課だったのだろう。スタインバーグからの手紙は、この会社のフットボール・クラブが加盟するウエスト・ライディング・カウンティ・フットボール協会に提起した決議について、ノエル＝ベーカーの助言を求めるものだった。[49] この手紙に添付された決議の内容は次のとおりである。

モンタギュー・バートン・フットボールクラブは次のように考える。オリンピック大会は、どのような国、人種、宗教的ないし社会的コミュニティに属していようが、すべての競技者の平等の原則に基づくべきである。また、次のように考える。競技者間の政治的その他の差別のすべての痕跡は、大会から厳格に排除されるべきである。（略）次のことを知る。これらの原則は、ユダヤ人、カトリック教徒、その他の人々への迫害と差別によってドイツでは組織的に侵害されている。（略）そのため、われわれは次のように考える。わが国はベルリン・オリンピック大会から退去すべきであり、ウエスト・ライディング・カウンティ・フットボール協会がこの決議を受け入れ、それを（できるならばイングランド・フットボール協会の賛同を得て）イギリス・オリンピック協会へ送るよう切に求める。[50]

彼らが要求する先はイギリス・オリンピック協会であり、彼らの決議はベルリン・オリンピックをボイコットするよう求めるものだった。

このスタインバークの手紙へのノエル＝ベーカーの返書は、年を越してからなされた。彼は年末から年始にかけて「各地を転々としていた」ので返信が遅れたと謝罪している。ノエル＝ベーカーの返書では、「ご親切にもお送りいただいたドイツでのオリンピック大会の問題に関する決議を読み、非常にうれしく思いました。もちろん私は、無条件にその決議に同意いたしますし、決議が表明する見解が広くわが国に行き渡ることを期待しています」と記していて、彼が自分の見解と一致するモンタギュー・バートン社のフットボール・クラブの決議に賛同したことがわかる。(51)

本書で注目したいのは、これに続く文章の、「私は、労働者スポーツ協会の圧力と「マンチェスター・ガーディアン」の編集長の圧力の他には、どのような組織的な試みもイギリス・オリンピック協会に加えられないのではないかと心配いたします(52)」という記述である。この記述から、ノエル＝ベーカーが「マンチェスター・ガーディアン」への自身の投書やモンタギューの論説とともに、全労スポーツ協会の反対運動をかなり肯定的に評価していることがわかる。モンタギュー・バートン社のフットボール・クラブの運動を知るまでは、彼の目には「マンチェスター・ガーディアン」の記事と全労スポーツ協会の運動だけが組織的な圧力と映っていて、彼はこれらの試みに期待していたのである。

ちなみに、この時点では、ノエル＝ベーカーは全労スポーツ協会と直接的な関係をもたなかったようだが、翌年の一九三七年六月、英労スポーツ協会（一九三六年四月に全国労働者スポーツ協会からイギリス労働者スポーツ協会に名称を変更）議長のハーバート・H・エルヴィンからの申し出によって、アマチュア陸協に対してアントワープ労働者オリンピアードへの英労スポーツ協会の参加許可を求める代表団に名を連ねている。(53)

別の反響は、ベルリン・オリンピック反対運動で重要な役割を果たしたイギリス・フェアプレー委員会の書記F・E・ワーナーからもたらされた。

ノエル＝ベーカーは、一月十日付の手紙をワーナーから受け取った。ワーナーはその手紙で、ノエル＝ベーカーの「マンチェスター・ガーディアン」掲載の投書に共感を示すとともに、ノエル＝ベーカーにイギリス・フェアプレー委員会への参加を呼びかけた。彼の手紙は、イギリス・フェアプレー委員会の活動について重要な点を記しているので、その内容を以下に示す。

少し前に貴殿は、目前に迫ったドイツでのオリンピック大会の問題について、「マンチェスター・ガーディアン」に投書されました。私は、その手紙が、いたるところでスポーツマンの間に広がっている感情に明確な形を与えるとともに、前記の名称の委員会（イギリス・フェアプレー委員会）の創設のための直接的な刺激として役立った、と言えるだろうと思います。この委員会は、多くの多少なりとも有名な（主にあまり有名でない）スポーツ愛好者から成り立っています。（略）私たちは、この問題で警告を発することを切望いたします。と申しますのも、私たちがこの国の遺産であると感じている生まれつき備わったフェアプレーの土台の上で、純粋に広く共感を勝ち得ることができるものとして、この憲章（オリンピック憲章）を見なしているからです。私たちはまた、不公平な立場に仲間の一人か二人を追い込むかもしれないような、道理に合わない早まった宣伝を望んでいません。ですから、私は貴殿に委員の名前をお伝えできませんが、どうかご容赦ください。もし貴殿が個人的に委員会に出席され、現在までの委員会の詳細な活動を理解していただけるのであれば、私たちは大変うれしく思います。さらにまた、もし貴殿が私どもの仲間になることを決意してくださるのであれば、私たちは貴殿の経験による援助に対して深く感謝申し上げるでしょう。(54)

この手紙からは以下のことが指摘できる。第一に、イギリス・フェアプレー委員会が、ノエル＝ベーカーの投書から直接的な刺激を受けて、十二月七日から翌年一月十日までの間に設立されたこと、第二に、この委員会が大部分はあまり有名でないスポーツ愛好者から成り立っていること、第三に、この国の遺産であるフェアプレーの原則への共感を得るものとしてオリンピック憲章を見なしていること、第四に、ノエル＝ベーカーはこの委員会の設立には関与しておらず、この時点で委員会への参加を求められていること、である。

イギリス・フェアプレー委員会はアメリカやヨーロッパの国々の運動に呼応して組織化されたものだった。一九三五年の十二月七日にパリで各国の代表を集めてオリンピック理念擁護国際委員会（国際フェアプレー委員会）が設立され、その設立総会へはイギリスからも何人かが出席している。そして、四カ月後の三六年四月に各国へ送られた「フェアプレーオリンピック運動のすべての友人と支持者へ」と題する英語とフランス語のリーフレットには、イギリスからはウォルター・シトリーン、ロバート・モンド[55]、F・E・ワーナーの三人が署名したのだった。当然のことながらワーナーにはイギリス・フェアプレー委員会書記の肩書がついていた[56]。

このワーナーの手紙へのノエル＝ベーカーの返書は一月十四日付になっている。ノエル＝ベーカーは、「貴委員会の設立について説明された内容に大変興味をかき立てられました。もちろん、私は貴委員会の目的に完全に同意いたします」と短いが大変好意的な返答をしていて、会議への出席の要請についていては、仕事に追い立てられていて時間がとれないと詫びている[57]。ノエル＝ベーカーがこの委員会の目的に賛同したのは、イギリス・フェアプレー委員会がフェアプレーの原則を擁護するという観点からオリンピック憲章を重視していたことに最大の理由があったと思われる。

その後、再度ワーナーから一月十九日付の手紙がノエル＝ベーカー宛てに送られていて、そこでは、ノエル＝ベーカーの手紙がイギリス・フェアプレー委員会の会議で読み上げられ、大変な激励となったことを伝えるとともに、個人的に会うことができないかを打診している。[58]これに対するノエル＝ベーカーの返書は一月二十日付でなされ、やはりここでも外国に行くのですぐには時間がとれないが、二月五日以降なら時間をあけるように努力したいと伝えている。[59]この手紙をもってノエル＝ベーカー文書の書簡資料は終わっているので、その後ノエル＝ベーカーがワーナーとさらに手紙をやりとりしたのか、またイギリス・フェアプレー委員会と関わりをもったのか、については不明である。

諸外国の反響

フェアプレー運動についての情報は、イギリス・フェアプレー委員会からのものにとどまらず、諸国外からも複数寄せられていて、それによってノエル＝ベーカーはフェアプレー運動の国際的展開についてかなり理解が進んだはずである。彼は、これらの運動に対して自らの主張を明らかにしているので、その点にも注目したい。

ノエル＝ベーカーの「マンチェスター・ガーディアン」への投書に対する最初の反響はアメリカからだった。「ヨーロッパの友」の書記レニー・スミスは、「マンチェスター・ガーディアン」掲載のノエル＝ベーカーの投書の内容に共感して、ノエル＝ベーカーに一月三日付で手紙を送ってきた。スミスの手紙の用件は、アメリカ側の運動とノエル＝ベーカーの個人的な影響力を結び付けることにあった。その手紙には、「私は、アメリカ側のものをあなたに提供しますが、あなたご自身が経験されたことや考えていることがわれわれの側からもおこなわれていいのかどうかについて、あなたと話し合いたいと思います(60)」と記されていた。スミスは、アメリカ・フェアプレー委員会の事務局長チェンバレンとも直々にアメリカで議論を重ねていて、この運動でアメリカとイギリスをつな

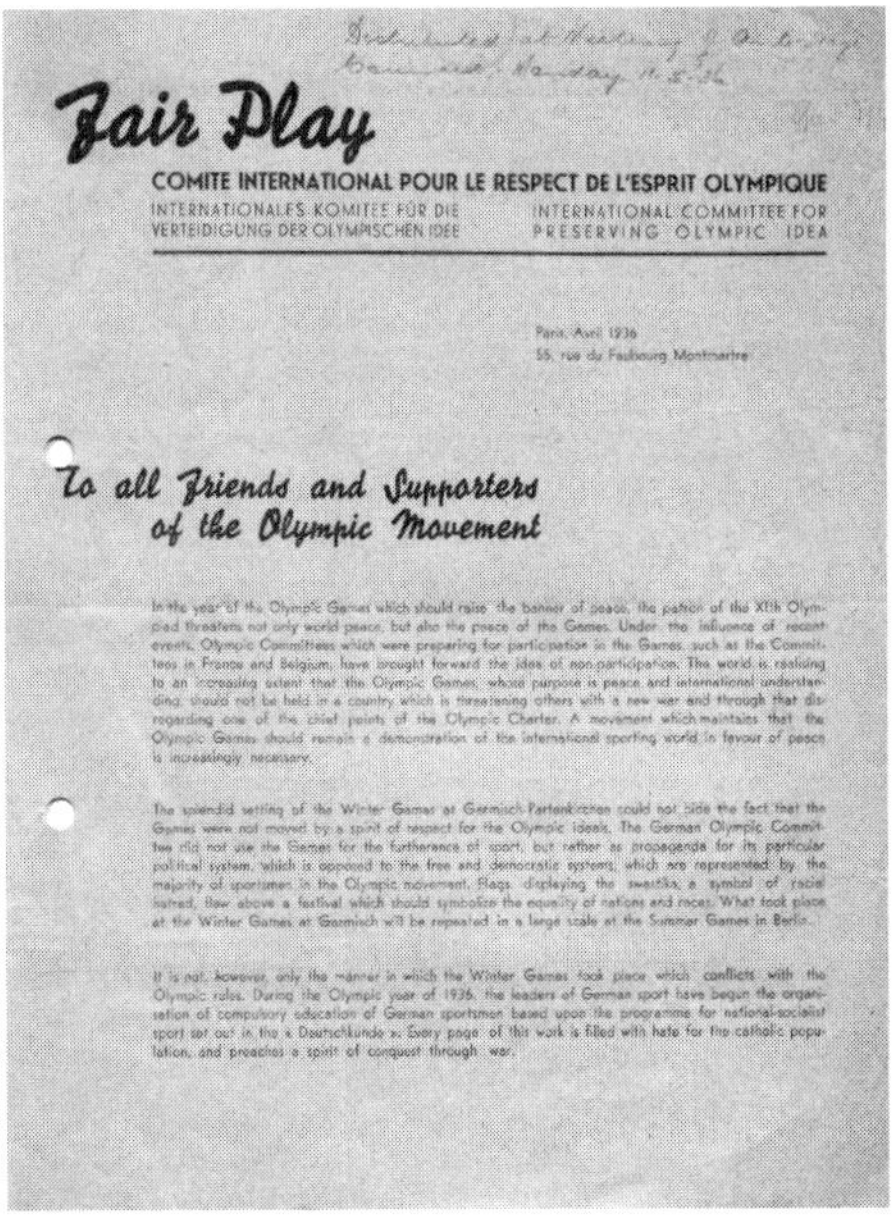

Fair Play

COMITE INTERNATIONAL POUR LE RESPECT DE L'ESPRIT OLYMPIQUE

INTERNATIONALES KOMITEE FÜR DIE VERTEIDIGUNG DER OLYMPISCHEN IDEE

INTERNATIONAL COMMITTEE FOR PRESERVING OLYMPIC IDEA

Paris, April 1936
55, rue du Faubourg Montmartre

To all Friends and Supporters of the Olympic Movement

In the year of the Olympic Games which should raise the banner of peace, the patron of the XIth Olympiad threatens not only world peace, but also the peace of the Games. Under the influence of recent events, Olympic Committees which were preparing for participation in the Games, such as the Committees in France and Belgium, have brought forward the idea of non-participation. The world is realising to an increasing extent that the Olympic Games, whose purpose is peace and international understanding, should not be held in a country which is threatening others with a new war and through that disregarding one of the chief points of the Olympic Charter. A movement which maintains that the Olympic Games should remain a demonstration of the international sporting world in favour of peace is increasingly necessary.

The splendid setting of the Winter Games at Garmisch-Partenkirchen could not hide the fact that the Games were not moved by a spirit of respect for the Olympic ideals. The German Olympic Committee did not use the Games for the furtherance of sport, but rather as propaganda for its particular political system, which is opposed to the free and democratic systems, which are represented by the majority of sportsmen in the Olympic movement. Flags displaying the swastika, a symbol of racial hatred, flew above a festival which should symbolize the equality of nations and races. What took place at the Winter Games at Garmisch will be repeated in a large scale at the Summer Games in Berlin.

It is not, however, only the manner in which the Winter Games took place which conflicts with the Olympic rules. During the Olympic year of 1936, the leaders of German sport have begun the organisation of compulsory education of German sportsmen based upon the programme for national-socialist sport set out in the « Deutschkunde ». Every page of this work is filled with hate for the catholic population, and preaches a spirit of conquest through war.

図6　1936年4月に国際フェアプレイ委員会が各国に送ったリーフレット
（出典：https://warwick.ac.uk/services/library/mrc/explorefurther/images/olympics/292-808.91-1.jpg?maxWidth=260&maxHeight=309［2019年7月21日アクセス］）

ぐ人物の一人だった。彼がノエル＝ベーカーに送った資料かどうかは確定できないが、確かにノエル＝ベーカー文書には六十ページに及ぶアメリカ・フェアプレー委員会の「パンフレット[61]」が収められている。

もう一つの反響は国際組織からだった。ブリュッセル発信で、オリンピック理念擁護国際委員会書記長のエリク・クーボから、一月十日付の手紙が届いたのである。クーボの手紙はノエル＝ベーカーへの依頼だった。依頼の第一は、「私たちは、ベルリンに大会をとどめることに反対する闘いに特別に充てる「スポーツ・ロイヤル」の次の版で、あなたの抗議文の全文を掲載するつもり」だが、それに手を加えてくれるのであれば大歓迎であること、第二は、「現在イングランドのこの領域（ベルリン・オリンピックに反対する運動）で正確に何がなされているのかを知らせて」ほしいということ、だった[62]。

これら二人の手紙に対するノエル＝ベーカーの返書の写しはノエル＝ベーカー文書には存在しないので、アメリカのフェアプレー運動や国際フェアプレー運動について彼がどう評価していたのかはわからない。返書の写しが存在しないことについては、返書が送られなかったと考えるほうが妥当だろう。

次に挙げる手紙と資料はノエル＝ベーカー宛てのものではなかったが、その手紙の受け取り人から手紙の内容について助言を求められたために、ノエル＝ベーカーの手元に届いたものである。その手紙は、アメリカ親善オリンピック協会組織委員会のサミュエル・K・マカビーからノーマン・エンジェル宛てに送られたものだった。ノーマン・エンジェルは、国際連盟による平和を唱える集団安全保障論の代表的論客だったが、彼はノエル＝ベーカーと国際連盟同盟をはじめ、さまざまな平和・軍縮運動で行動をともにしていて、懇意な関係にあった。そのエンジェルが、手紙の内容がオリンピック運動に関わるものだったから、ノエル＝ベーカーに助言を求めるために転送してきたのである。

マカビーからノーマン・エンジェル宛てに送られてきた文書は二つあり、一つはエンジェル宛ての私信、もう一つは右記委員会の通信で、二通とも十二月十三日付だった。これらの手紙と通信について意見を請うために、ノーマン・エンジェルがノエル＝ベーカーに手紙とともにそれらを送ったのは一月十日だった。ノエル＝ベーカーはマカビーからの手紙と通信を読んで、エンジェルに次のような返答をしている。

写真15　ノーマン・エンジェル：1872年12月26日生—1967年10月7日没。1929年から31年まで労働党の国会議員を務め、戦争とファシズムに反対する世界委員会や国際連盟同盟の執行委員として活動し、33年にノーベル平和賞を受賞した。撮影時は不詳
（出典：https://upload.wikimedia.org/wikipedia/commons/a/ae/Norman_Angell_01.jpg［2019年7月21日アクセス］）

アメリカ親善オリンピック協会組織委員会についてあなたに助言を与えることに、驚きを隠せません。オリンピック大会情勢の全体的な展開は破滅的であり、私の考えでは、進むべき最良の道がどこにあるのかがはっきりいたしません。しかし、現在助言するといたしますと、私は対抗オリンピアードへのイギリスの参加には断固として反対です。私は、五十万ドルを集めたとしても、対抗オリンピアードは失敗するだろうと信じていますし、対抗オリンピアードは癒すことが難しい傷跡をオリンピック運動に残すでしょう。

私は、再度オリンピックの友人たちと状況全体について話し合うつもりでいますが、さらに留意すべきことがありましたら、あなたにお手紙を差し上げるでしょう。(63)

マカビーの手紙や通信では、対抗オリンピアードの意義や各国での準備の様子について述べていたのだが、ノエル＝ベーカーはかなり強い調子でこれらの対抗オリンピアードに反対している。理由は引用文にあるように、オリンピック運動に癒しがたい傷跡を残すということにあった。ノエル＝ベーカーがマカビーの手紙から知りえた対抗オリンピアードとは、ロサンゼルスで「ベルリンで予定されている大会とほぼ同時期に開催されることになっている対抗オリンピアード」とオーストリアのザルツブルク祭だった。(64)この時点（一九三六年一月）では、まだバルセロナ人民オリンピアードの具体的計画はなされていない。(65)このマカビーの手紙は、対抗オリンピアードについてイギリスに伝えられた最も早い時期の情報だった。ただし、ロサンゼルスでの対抗オリンピアードは実在せず、一九三六年八月にニューヨークのランドール島で世界労働者競技カーニバルが開催されることになっていた(66)。また、ザルツブルク祭は対抗オリンピアードではなかった。オーストリアでは三四年二月にドルフス独裁制が確立していて、ナチ・オリンピックに対抗する勢力は壊滅させられていたのである。

最後に、本節での考察のまとめをしておきたい。ノエル＝ベーカーは「マンチェスター・ガーディアン」に投書を公表して以降、ベルリン・オリンピック反対を主張する国内外の組織の関係者から手紙を受け取った。とりわけ、フェアプレー運動に関わる国際組織、アメリカの組織、イギリスの組織の責任ある人物からほぼ同時期に手紙を受け取っている。しかし、ノエル＝ベーカー文書には、F・E・ワーナーへの返書は残されているが、国外の人物への返書は存在しないので、国際的

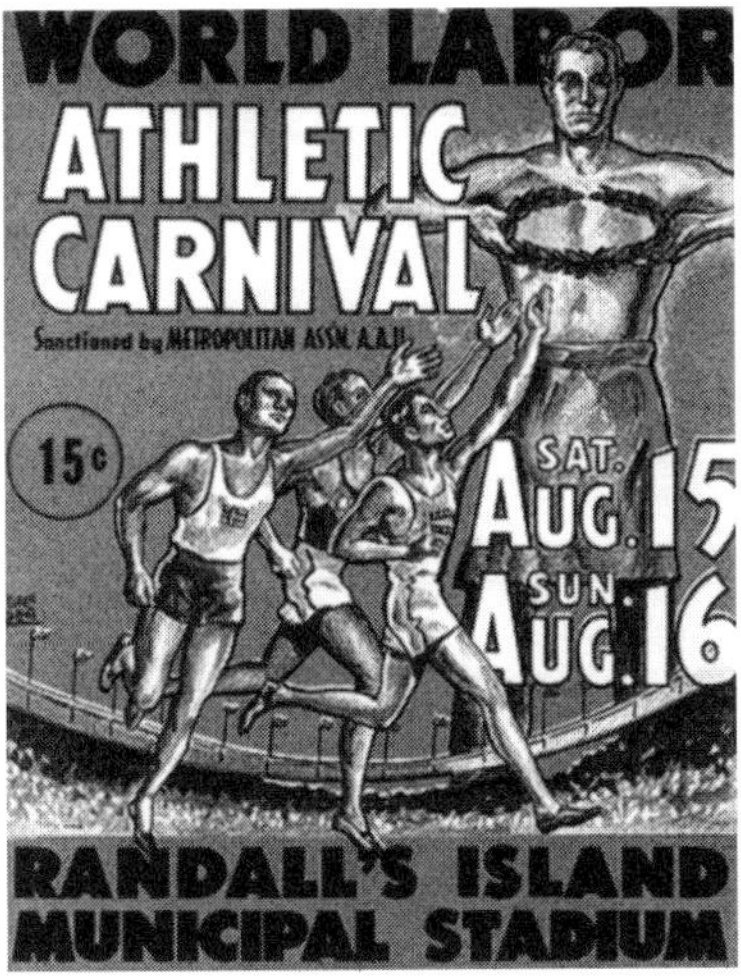

図7　世界労働者競技カーニバルのポスター。世界労働者競技カーニバルはベルリン・オリンピックへの対抗競技会として、1936年8月15・16日にニューヨークのランドール島で開催された。この競技会の名誉共同議長には、フィオレロ・ラガーディア（ニューヨーク市長）、ウイリアム・グリーン（アメリカ労働総同盟会長）らとともにジェレマイア・マホニーが加わっていた
（出典：http://art.laborarts.org/large/24027c.jpg［2019年7月21日アクセス］）

に展開されたフェアプレー運動に関するノエル＝ベーカーの真意をはっきりつかむことはできない。イギリス国内のフェアプレー運動に関しても目的には賛成していたが、その方法まで含めて賛同したかどうかは疑問である。

ただし、彼が対抗オリンピアードの開催に断固反対だったという事実、しかも、信憑性がない情報をもとに即断するという慎重さに欠ける判断をおこなったことを考えるならば、結局彼は、オリンピック憲章擁護というフェアプレー運動の理念や目的については賛同したにしても、その活動についてはそれほど関心もなく、行動もともにできなかったということだろう。ノエル＝ベーカーにとっては、オリンピック運動を前進させることが最大の関心事であって、その基調となるオリンピック憲章に反する行為は絶対に許されるべきでなかった。したがって、ナチスの逸脱行為はもちろんのこと、オリンピックとは別の対抗オリンピアードを開催することも、彼にとってはオリンピック運動を破壊するものと映ったのである。

9　一九三六年前半のベルリン・オリンピック参加をめぐる動向

以上のように、ノエル＝ベーカーの主張は一九三六年一月十日までしかたどることができなかった。このことは、ノエル＝ベーカー文書にその後のオリンピック関連の資料が存在しないからではなく、同年三月七日のドイツ軍のラインラント非武装地帯への進駐という事態を受けて、ノエル＝

ベーカーがナチスの侵略行為を阻止すべく、議会内外の闘いに全力を傾けていったことによると思われる。

ナチスのラインラント侵攻の十日後の三月十七日、ノエル＝ベーカーは、第三百十一庶民院議会で、政府が戦争によることなく平和的な手段でナチスの侵略行為を止める方策を講ぜよ、と訴えている。また議会の外でも、彼は、ウィンストン・チャーチル、ノーマン・エンジェル、ウォルター・シトリーン、ロバート・モンドらとともに「自由と平和の防衛のための焦点」の活動を展開し、「ヒトラーによるラインラント再占領の蛮行を遺憾とし、遅きに失する前に世論を喚起する必要を宣言する」(67)と声明を発した。これに加えて、バルセロナ人民オリンピアードを未発に終わらせたフランコの反乱が勃発すると、彼は早くも七月末の第三百十五庶民院議会で、スペイン共和国支援の立場を鮮明にして、「われわれは、スペイン政府に国際法の慣例が認めるすべての便宜を与えるよう政府に促し」(68)たいと訴えていく。実際、彼は一九三七年十二月にクレメント・アトリー（終戦直後の労働党政府の首相）らとスペインを訪れ、ドイツとイタリアに軍事支援されたフランコ軍に対して原始的な武器しかもたない共和国軍の悲惨な状況を、「タイムズ」への投書やさまざまな機会の論戦で、事実をもとに世論に訴えた。このように、ノエル＝ベーカーは、三六年三月以降、ナチスの侵略阻止とスペイン共和国支援の活動に献身していったのである。

他方、イギリス・オリンピック協会は、ベルリン・オリンピック反対運動に影響されることなく、大会参加のための準備を進めていった。一九三六年一月三十日のイギリス・オリンピック協議会の会議では、アマチュア体操協会から体操チームの派遣、備品・輸送・宿舎委員会の五人の委員の選出、馬術競技への陸軍チームの派遣などが確認された。(69) 続く二月二十七日のイギリス・オリンピック協会年次総会では、ガルミッシュ・パルテンキルヒェンでの冬季大会が終了したことを受けて、この大会が「すばらしく成功を収め、組織化がみごと」だったと賞賛されるとともに、イギリス代表の競技成果が報告された。そして「もし適切に訓練されていないいかいまだに国際水準（認められる水準はいまや非常に高くなっている）に達していない競技者が派遣されていたならば、それは一国の信用を高めはしなかったろう」と強調し、それが「チームに出資して彼らを援助している統轄団体の誠実な支援(70)」のおかげだったことを伝えている。

新聞やイギリス放送協会（BBC）の冬季大会期間中の優れた報道と好意的な批評に気をよくしたイギリス・オリンピック協議会の委員らは、「タイムズ」の編集長宛てに協議会議長のポータル、副議長のバーレイ、アバーデア、基金名誉会計担当のノエル・カーチス＝ベネットの連名で投書を送っている。その投書は三月七日付で掲載された。内容は、「タイムズ」社に援助を要請するとともに、その紙面を使って基金への募金を呼びかけ、そしてベルリン・オリンピックの価値とそこでのイギリス代表団の使命を訴えるものだった。彼らは自分たちの使命を次のように自覚していた。「イギリス・オリンピック協議会は、ベルリンにチームを派遣することでスポーツの最大の利益に寄与すると確信しています。オリンピック大会は常に諸国民の調和と和解の理想を象徴するものでしたが、もし世界情勢のこの非常に危機的な段階で、世界がしばしば手本を求めているこの国が、ほとんど他のすべての国からの競技者を含むはずの大会にまったく代表を送っていなかったとすれば、この理想はまったくの虚言であるほかないでしょう(71)」と。

ベルリン・オリンピックが三カ月後に迫った五月七日のイギリス・オリンピック協議会の会議では、基金からの資金供与について以下の提案が可決された。これもエイブラハムズの提案で、「イギリス・オリンピック協会が基金の欠如によって、統轄団体によって指名された一定の競技者を引き受けることができない場合には、統轄団体はそのような競技者の費用を支払うことが許されること」になった。[72]次に、IOCの財政状況が悪化しているというバイエ＝ラツール会長からの手紙を受けて、「ピエール・ド・クーベルタン基金」のためにイギリスからも寄付を募ることが同意された。また、イギリス代表団にビレッタ帽とネクタイが支給されることも決定された。[73]そうして、六月三日の協議会の会議では、一九四〇年のオリンピックをロンドンで開催する申請をおこなうことが承認され、ロンドン市長にIOC宛てに招待状を送ってもらえるよう「依頼すべきことが満場一致で決議された」。[74]

さらに、イギリス・オリンピック協会などの公式機関誌の役割も果たしていた「ワールド・スポーツ」の一九三六年五月号に、「オリンピック大会は政治の外に特別な場を占めている」と題するアバーデアの論説が掲載された。この論説の最初の小見出しは「友情」である。アバーデアに言わせれば、「勝利の月桂冠よりも文明にとって大きな価値をもつ」ものが、オリンピック祭典から得られる友情だった。これに続けて小見出しは順に、「すばらしい精神」「どうして大会はドイツに割り当てられたのか」「そのときヒトラーは権力の座になかった」「ドイツ政府は干渉しない」「反ユダヤ政策を恐れなくてもいい」「ユダヤ人競技者を迎える」「すべての競技者はフェアプレーを確信している」「ユダヤ人のオリンピック参加者に対する権利の侵害はない」「憲章の侵害を容赦しない」となっている。結びの小見出し「憲章の侵害を容赦しない」では、オリンピック憲章が侵害されているとIOCが疑念を抱くようであれば、ベルリンでオリンピックが開催されるはずはないから安心してほしいと記す一方で、この間の新聞報道のあり方に苦言を呈している。「新聞は、出来事の実際の状況を大衆に知らせる義務を遺憾にも怠っているように思われるし、真の教義を広めるかわりに、その政治的な反感や国際スポーツに対する憎しみをあおり立てることを選択している。スポーツは非政治的であるべきであり、同胞意識の促進、協調、そして不和がない競争による国際的友情のための最良の媒体である」[75]と。彼が非難する新聞報道とは、ラインラント進駐以降のドイツの国際スポーツ政策の侵略的危険性を暴露するものだったと思われるが、彼は、友情をすべての人にもたらすはずのオリンピックに政治を持ち込んで不和をあおることに遺憾の意を表明したのである。アバーデアのこの論説も、前述の「基金の訴え」に関する提案や「タイムズ」掲載のポータルらの投書と目指すところは同じで、友情・フェアプレー・政治的中立だった。

10　ノエル＝ベーカーの決断の歴史的意義

ノエル＝ベーカーは苦渋の選択の結果、一九三五年十二月七日付の「マンチェスター・ガーディアン」で投書を公表し、ベルリン・オリンピックの開催に反対する意思表示をおこなった。この彼の投書は、国内外でフェアプレー運動に携わる人々からの反響を呼び起こしたものの、イギリスでオリンピック運動を実質的に担っている人々に影響を与えることはできなかった。アマチュア陸協統括委員会委員のE・A・モンタギューとの協同も実を結ばなかった。

ノエル＝ベーカー自身、一九三五年二月のイギリス・オリンピック協会年次総会に出席して以降は、国連での活動や労働党の仕事に多忙で、ベルリン・オリンピック開催前にはイギリス・オリンピック協会の会議に一回も出席できなかった。このため、彼のイギリス・オリンピック協会内での影響力は弱まらざるをえなかった。このことが、イギリス・オリンピック協会内で責任ある行動をしているエイブラハムズらの主張や判断に彼が一目置かざるをえなかった要因だった。

そうではあっても、ノエル＝ベーカーが、一九三三年五月という早い段階で、第十一回オリンピックのベルリン開催を問題としてイギリス・オリンピック協会内に議論を投げかけたことや、エイブラハムズの意向を尊重して「タイムズ」への投書はとりやめにしたとはいえ「マンチェスター・ガーディアン」では投書を公表して世論を喚起したこと、さらには、IOC会長バイエ＝ラツールに公開書簡を送って彼の見解を求めたことは、勇気ある行動として歴史的に記憶されていい。

ノエル＝ベーカーやE・A・モンタギューらベルリン・オリンピック反対派の主張は、イギリス・オリンピック協会内の賛成派の主張とは、以下の点で決定的に異なっていた。両派は、オリンピック憲章の侵害は許さないとする点では一致していたが、ナチスによるオリンピック憲章からの逸脱行為への制裁という点では、意見をまったく異にしていた。ノエル＝ベーカーらは、オリンピック憲章の条文、端的に言えばすべての競技者の平等の原則に違反することは許さない、つまりナチスのユダヤ人競技者などの差別的扱いを許さず、IOCの責任で、その問題が解決されないかぎりベルリンでのオリンピックの開催を認めるべきでないと主張した。ノエル゠ベーカーは国連を通じての平和運動でも、ドイツの侵略行為に対しては断固たる制裁の主張を貫いていたのである。

他方、イギリス・オリンピック協会のアバーデアやエイブラハムズらは、IOCの決定は絶対であり、その決定が覆らないかぎり、「諸国民の調和と和解の理想を象徴する」オリンピック大会へは手本になる国として参加しなければならないと断言した。[76] また、ユダヤ人などの差別的扱いの問題はドイツ国内の政治問題であり、「スポーツは非政治的であるべき」であるから、この差別問題に介入することは「オリンピックに政治を持ち込み、不和をあおる」[77] ことになる、とも主張した。ただし前述のとおり、エイブラハムズはノエル゠ベーカーへの返書のなかで、ベルリン・オリンピックへのヒトラーの干渉を危惧して、IOC決定の前に複数のスポーツ協会がベルリン開催反対を訴えていれば状況は変わっていたとも記していて、無節操にベルリン開催を支持したわけではなかった。彼の感情ではなく彼のイギリス・オリンピック協会内での立場がベルリン大会参加に踏み切らせたということである。

以上のように、両派の見解の相違ははっきりしている。ノエル゠ベーカーら反対派は、ナチスの差別的行為はオリンピック憲章違反の行為であって、イギリス・オリンピック協会はこの問題の解決を図るようにIOCに要請すべきであるとしたのに対して、エイブラハムズら賛成派はイギリス・オリンピック協会委員としての公的立場から、これはドイツ国内の政治問題であり、IOCがすでに決定している事項に干渉すべきでないと主張したのだった。

したがって、問題は次の点にいきつく。つまり、ノエル゠ベーカーらが、ナチスの行為がオリンピック憲章違反であると事実をもって示すことができたときに、どのようにしてＩＯＣの決定を覆させられたかである。しかし、それは不可能だった。第7節で示したとおり、イギリス・オリンピック協会は一九三五年十二月三日の会議で、オリンピック大会の開催についてはＩＯＣの権限がドイツ政府の権限に優先することを確認するとともに、ＩＯＣの決定を絶対視していた。イギリス・オリンピック協会がＩＯＣの決定は絶対だとしたとき、ＩＯＣ委員でないノエル＝ベーカーのような人々が、ナチスによるユダヤ人競技者の差別的扱いを事実を挙げて立証できたとしても、ＩＯＣの決定を変更させる道は閉ざされていたわけである。そのために、ノエル＝ベーカーも再三語ったように、ＩＯＣの決定が下された後では、大会開催地をベルリンから移転させることはほぼ不可能だったろう。そのことを承知のうえで、ノエル＝ベーカーは、バイエ＝ラツールＩＯＣ会長に公開書簡を送るとともに、「マンチェスター・ガーディアン」でベルリン・オリンピックの問題状況を世論に訴えたのだった。オリンピック憲章の前述の二つの条文に謳われた参加資格の平等の原則が、当時の彼にとっては、絶対譲れない原則として最優先されるべきものと考えられたからだった。

注

（1）Don Anthony compiled, *Man of Sport, Man of Peace: Collected Speeches and Essays of Philip Noel-Baker, Olympic Statesman 1889-1982*, Sports Editions Limited, 1992, p. 154. この文献は明治大学名誉教授の寺島善一氏にお借りした。さらに寺島氏には、筆者をドナルド・アントニー氏に紹介してくだ

さるなど便宜を図っていただいた。ここに記して感謝を表したい。

（2）David J. Whittaker, *Fighter for Peace: Philip Noel-Baker 1889-1982*, William Sessions Limited, 1989.

（3）デーヴィッド・ロング／ピーター・ウィルソン編著『危機の20年と思想家たち――戦間期理想主義の再評価』宮本盛太郎／関静雄監訳（Minerva 人文・社会科学叢書）、ミネルヴァ書房、二〇〇二年、二三ページ。なお、同書第二章のローナ・ロイド「フィリップ・ノエル＝ベーカーと法による平和」は、日本に紹介された唯一のノエル＝ベーカー研究の労作である。

（4）モスクワ・オリンピック・ボイコットについては、以下の文献を参照。Hill, *op.cit.*, Guttmann, *The Olympics*, Tom Caraccioli and Jerry Caraccioli, *Boycott: Stolen Dreams of the 1980 Moscow Olympic Games*, New Chapter Press, 2008、清川正二『スポーツと政治――オリンピックとボイコット問題の視点』ベースボール・マガジン社、一九八七年

（5）Anthony compiled, *op.cit.*, p. 52.

（6）一九九六年一月十日付のドナルド・アントニーから筆者宛ての手紙。ノエル＝ベーカーとアントニーの主張と行動について知ることができる日本語の文献は以下のとおり。川本信正『スポーツ賛歌――平和な世界をめざして』（岩波ジュニア新書）、岩波書店、一九八一年、一〇九―一一六ページ、寺島善一「ユネスコと体育スポーツ――フィリップ・ノエル・ベーカー卿の貢献を中心として」、国民スポーツ研究所編「体育・スポーツ評論」第三号、国民スポーツ研究所、一九八八年、七七―八〇ページ、同「ドナルド・アントニー博士講演要旨」、明治大学国際交流センター編「学術国際交流参考資料集 オリンピックムーブメント一〇〇周年」第二百十五巻、明治大学、一九九六年、四―二九ページ

（7）Anthony compiled, *op.cit.*, p. 152.

（8）*Ibid.*, pp. 152-154.

（9）Philip Noel-Baker, "Olympics: too precious to be ruined by politics", *The Guardian*, March 17, 1980, p. 9. この論説のなかから、ベルリン・オリンピックに関する記述を取り出すと次のとおりである。
「私は一九三六年のベルリン大会には行かなかったが、「タイムズ」に手紙を書いて、私が欠席した原則的立場についてはっきり述べた。すべてのケンブリッジ競技者のなかで最も卓越した者の一人ゴッドフリーを見なかったことを、私は生涯にわたって後悔し続けてきた。（略）私の原則的立場は強固だった。ヒトラーはドイツ・チームからユダヤ人、カトリック教徒および「活動家」を除外することによって、オリンピック憲章を侵害した。私は、ドイツの国内オリンピック委員会の議長に手紙を書いて抗議した。彼はカール・フォン・ハルトと言い、一三年にミュンヘン・スポーツクラブでの私のクラブメイトだった。しかし、ベルリンに行かなかったという私の自己犠牲は、有益な目的のために何の奉仕もしなかった。それはヒトラーに何の害も与えなかった。私の出席は彼を役立たずにしたかもしれないというのに。（略）大会は彼に決定的な屈辱を与えた。彼がスタジアムに鉤十字とナチのスローガンを掲げたとき、国際オリンピック委員会は直ちに彼に命じてそれを降ろさせた。彼は従わざるをえず、その事実はその日のうちにドイツ国民に知れ渡った。さらに、いっそう重要なことだが、大会がドイツ人に与えたメッセージは、ヒトラーの「アーリア」人種主義とドイツの軍事力に関する軍国主義的発言が正しくなく、ばかげていて、猥褻だ、というものだった。そのメッセージは、世界最高の競技者たちは黒人——四個の金メダルを得たジェス・オーエンス、ウッドラフ、その他——である、というものだった。また、これらの偉大な競技者たちが立派な人々であり、すべての人から愛され賞賛された、ということだった。そのメッセージは、すべての国民のなかから選ばれた競技者たちが、スポーツマンシップという同じ理念によって鼓舞され、共通の関心と友情の絆によって結ばれた一つの偉大な幸福な家族だった、ということだった。そのメッセージは、見る目がある者に、ナチの教義とナチの実践について嫌悪を抱かせた」

(10) ノエル＝ベーカーの国際スポーツに関する主張とジョージ・オーウェルの同様の主張を対比して考察したユニークな研究に、Beck, "Confronting George Orwell" がある。このベック論文の核心は、一九四五年末のディナモ・モスクワ（ソ連フットボール・チーム）のイギリス・ツアー終了後に「トリビューン」に発表されたオーウェルの「スポーツ精神」と題する論説に代表されるネガティブな国際スポーツ論評と、戦前から熱心な国際スポーツの主唱者だったノエル＝ベーカーの折々の発言や論説とを対比して、オリンピック運動を含む国際スポーツが国際平和を推進する力にもなり、また国際紛争の原因ともなる、というその両面価値的な性格をあぶり出すことにあった。なお、イギリスのオリンピック理念擁護の組織的運動については、本書第1章で論じている。さらに、両大戦間期イギリスのスポーツと政治・外交について研究した文献には以下のものがある。Jones, *Workers at Play*, Jones, *Sport, Politics and the Working Class*, Martin Polley, "The Foreign Office and International Sport, 1918-1948", unpublished Ph. D. thesis, St. David's University College, University of wales, 1991, Martin Polley, "Olympic Diplomacy: The British Government and the Projected 1940 Olympic Games", *International Journal of the History of Sport*, Vol.9, No.2, 1992, Polley, "The British Government and the Olympic Games in the 1930s", Richard Holt, "The Foreign Office and the Football Association: British Sport and Appeasement, 19351938", in Arnaud and Riordan eds., *op.cit.*, pp. 5166, Beck, *Scoring for Britain*. 最後のベックの著書は、彼の前掲論文と同様、ノエル＝ベーカー文書（NBKR）を利用した研究である。本章の課題と重なる部分の記述は二〇〇—二〇三ページに見られるが、ベルリン・オリンピックに関するノエル＝ベーカーの主張と行動の全容は解明されていない。ちなみに、イギリス・スポーツ史に関する研究史的総括をおこなっているリチャード・ホルトも、一九三〇年代イギリス・スポーツ史研究はこれからの研究領域だと指摘している。Richard Holt, "Sport and History: The State of the Subject in Britain", *Twentieth Century British History*, Vol.7, No.2, 1996, p. 240.

（11）アメリカのベルリン・オリンピック反対運動に関する研究は多数を数えるが、以下の代表的な文献・論文が参考になる。Guttmann, *The Games Must Go On*, Guttmann, *The Olympics*, Guttmann, "The 'Nazi Olympics' and the American Boycott Controversy", Wenn, "A Tale of Two Diplomats", Wenn, "A Suitable Policy of Neutrality? FDR and the Question of American Participation in the 1936 Olympics", pp. 319-335, Wenn, "Death-knell for the amateur athletic union".

（12）Letter from Philip NoelBaker to Evan A. Hunter, May 22nd, 1933. [The University of Cambridge. Churchill College. Churchill Archives Centre: NBKR/6/15/2]

（13）Ibid.

（14）Letter from Evan A. Hunter to Philip NoelBaker, May 25th, 1933. [CAC/NBKR/6/15/2]

（15）ハロルド・エイブラハムズは、ユダヤ系イギリス人で一九二四年のパリ・オリンピックの百メートル・スプリントで優勝し、三〇年代半ばにはアマチュア陸協代表としてイギリス・オリンピック協会委員だった。映画『炎のランナー』（監督：ヒュー・ハドソン、一九八一年）の主人公の一人。

（16）国際連盟同盟は、国際連盟協会と自由国民連盟協会の代表が第一次世界大戦終結直前の一九一八年十月十日にロンドンで会合をもち、「国際正義、相互防衛、恒久平和を保障するための自由な人民の世界連盟の結成を促進するため」に合同・創立された組織である。Donald S. Birn, *The League of*

Nations Union, 1918-1945, Clarendon Press, 1981, p. 11. この組織には、ノエル＝ベーカー、ノーマン・エンジェルらの他に、ロバート・セシルのような著名な保守党の政治家や後の労働党党首クレメント・アトリーも加わっていた。

（17）Whittaker, *op. cit.*, p. 125.

（18）国際連盟同盟が「ギャロップ世論調査」をモデルに、戸別訪問による調査として組織したもの。平和投票の質問項目は一九三四年十月に作成され、のちにここで問題となった質問項目が追加されて実施された。六百の議会選挙区に投票委員会を設け、五十万人以上の開票点検者が調査・開票にあたったとされる。Whittaker, *Ibid.*, p. 123 とA・J・P・テイラー『イギリス現代史――1914-1945 新装版』第二巻（都築忠七訳、みすず書房、一九八七年）五五ページ以下を参照。

（19）Whittaker, *op.cit.*, p. 125.

（20）前掲『イギリス現代史』第二巻、五七―五八ページ

（21）Letter from Philip NoelBaker to Harold Abrahams, September 24th, 1935. ［CAC/NBKR/6/54/1］

（22）Letter from Harold Abrahams to Philip NoelBaker, September 25th, 1935. ［CAC/NBKR/6/54/1］

（23）Ibid.

（24）Letter from Philip NoelBaker to Harold Abrahams, September 26th, 1935. ［CAC/NBKR/6/54/1］

（25）Letter from Ida M. Whitworth to Philip NoelBaker, October 23rd, 1935. ［NBKR/6/54/1］

（26）Letter from G. W. Cadbury to Philip NoelBaker, November 18th, 1935. ［CAC/NBKR/6/54/1］

（27）Letter from Will A. F. to Philip NoelBaker, November 26th, 1935. ［CAC/NBKR/6/54/1］

（28）ノエル＝ベーカー文書に所蔵された亡命者の証拠文書のうちで、『オリンピア問題に関するいくつかの事実』（Some Facts relating to the Olympia Question）が、ウィル・A・Fが同封してきた「報

告書の英訳文」である公算が高い。原文はドイツ語のタイプ打ち「〈オリンピア資料第一号〉ドイツとオリンピック大会——ユダヤ人スポーツマンの扱いに関する事実」（Olympia-Matelial, Nr.1. Deutschland und die olympischen Spiele: Tatsachen über die Behandlung der jüdischen Sportler だった。また、「前書き」の題目は Unser Bericht kann noch durch einige streng vertrauliche Bemerkungen, die auf keinen Fall veröffentlicht werden dürfen, ergänzt werden）であり、それにこの英訳文が添付されていて、しかも、ドイツ語原文の「前書き」として「われわれの報告は、公表されずに機密の保持されている文書によって補うことがまだ可能である」と題する短い文書が付けられていた。亡命者が残した証拠文書に関しては、本書第2章の補論で発信の意図と内容、およびノエル＝ベーカーの主張との関係を明らかにするが、その際、九月二十六日付のノエル＝ベーカーからハロルド・エイブラハムズ宛ての手紙のなかで、「亡命者が残したかなり質がいい証拠文書」のことが示唆されていたことから、少なくとも一つの文書は九月二十六日以前にノエル＝ベーカーの手元にあったことを指摘している。さらに、この論文のための資料読みの段階で、右記の文書は、十一月二十六日付のウィル・A・Fからノエル＝ベーカー宛ての手紙に同封されていた公算が大きいことがわかった。このように、ナチスのユダヤ人スポーツマンや組織の差別的扱いについて詳述した文書の数々は、複数の人物を通してノエル＝ベーカーの手元に別々に届けられたと理解すべきである。

（29）Letter from Philip NoelBaker to Will A. F., November 28th, 1935. 〔CAC/NBKR/6/54/1〕

（30）Letter from Philip NoelBaker to W. P. Crozier, December 4th, 1935. 〔CAC/NBKR/6/54/1〕

（31）Letter from Harold Abrahams to Philip NoelBaker, December 3rd,1935. 〔CAC/NBKR/6/54/1〕

（32）Letter from Philip NoelBaker to Harold Abrahams, December 4th, 1935. 〔CAC/NBKR/6/54/1〕

（33）一九三五年十二月四日のイギリス・ドイツ対抗フットボール・マッチをめぐる抗争と国際関係につ

いては、Stoddart, op.cit., Beck, op. cit *Scoring for Britain* が詳細な研究である。

（34）Jones, *Sport, Politics and the Working Class*, p. 182.

（35）Holt, "The Foreign Office and the Football Association", p. 54.

（36）本書第3章で、筆者はイギリス・ドイツ対抗フットボール・マッチをめぐるシトリーンとサイモン内相との論戦について、「スポーツの自律性」と「スポーツの政治的中立性」の主張のぶつかり合いとして描いている。

（37）Notes of Deputation from Trades Union Congress to the Home Secretary, Monday, 2nd December, 1935, pp. 2-9.［University of Warwick Library, The Modern Records Centre: MSS.292/808.91/2］

（38）Ibid., pp. 11-12.

（39）Ibid., pp. 5-6.

（40）イギリス・オリンピック協議会はイギリス・オリンピック協会委員と各競技団体の代表によって構成される機関であり、一九〇五年のイギリス・オリンピック協会の設立とともに設置された。

（41）Minutes of a Meeting of the British Olympic Council, December 3rd, 1935.［British Olympic Association.nc］

（42）Letter from Philip NoelBaker to the Editor of the Times, n.d.［CAC/NBKR/6/54/1］「タイムズ」の編集長に宛てたこの投書は、十一月二十八日頃から十二月二日までに書かれ、エイブラハムズに送られていた。このノエル＝ベーカーの投書をエイブラハムズが「タイムズ」に送らなかった理由は、本論で示したとおりである。

なおここで、用語使用について確認しておきたい。イギリス・オリンピック協会の公式文書などで Olympic Charter（憲章）の用語が使用されるのに対して、ノエル＝ベーカーは Olympic Protocol

（議定書）の用語を使っている。両者は同一のものだが、当時イギリスで、これらの用語使用に慣例があったのかどうかは確認できていない。本章では、引用文を除き、オリンピック憲章と記す。

（43）Letter from Philip NoelBaker to W. P. Crozier, n.d.［CAC/NBKR/6/54/1］

（44）*The Manchester Guardian*, December 7, 1935.

（45）*Ibid.*

（46）イーブリン・オーブリー・モンタギューは、一九二四年のパリ・オリンピックに出場し、スティープルチェイス・レースで六位に入賞したアスリートであり、その後ジャーナリストとして活動した。物議を醸したベルリン・オリンピックについて報道するためにベルリンにも滞在している。

（47）Letter from Philip Noel-Baker to Monty, November 30th, 1935.［CAC/NBKR/6/54/1］E・A・モンタギューの論説は、十一月三十日にはすでに草稿としてノエル＝ベーカーの手元にあった。モンタギューから送られてきたものだった。ところで、本章の注（10）に示したベックの前掲書（*Scoring for Britain.*）で、ベックは二〇一ページと注百六十七と百七十一で、MontyをMontefioreとしているが、MontyはE. A. Montagueの愛称であって、モンテフィオーリとE・A・モンタギューは別人物である。筆者がこう断定できる理由は、ノエル＝ベーカー文書に収められている二通の手紙にある。一通目は前述のLetter from Philip Noel-Baker to Monty, November 30th, 1935［CAC/NBKR/6/54/1］で、そのなかに「この目的のために、私はハロルド・エイブラハムズとモンテフィオーリという人物と長い議論を重ねてきました」というくだりがある。二通目はLetter from Philip Noel-Baker to Montefiore, December 9th, 1935［CAC/NBKR/6/54/1］で、そのなかで「フットボール・マッチが終わり、私たちは新たな事態に直面しているにちがいありません。E・A・モンタギューは、われわれはオリンピック大会を中止する見込みがあると間違いなく信じています。私はそう思いませんが、私はそれでもやはり最善を尽くすでしょう」と記してある。モンタギューへの手紙で「モンテフィオーリという人物」と書いていることからして、モンタギューはモンテフィオーリと面識がないものと思われる。ベックはまた、モンタギューの記事が「マンチェスター・ガーディアン」に掲載された日付を十二月六日と七日としているが、十二月五日と六日の誤りである。

(48) *The Manchester Guardian*, December 5, 1935, pp. 910.

(49) Letter from M. Steinberg to Philip NoelBaker, December 18th, 1935. [CAC/NBKR/6/54/1]

(50) A Copy of a Resolution attached to Letter from M. Steinberg to Philip NoelBaker, December 18th, 1935. [CAC/NBKR/6/54/1]

(51) Letter from Philip NoelBaker to M. Steinberg, January 6th, 1936. [CAC/NBKR/6/54/1]

(52) Ibid.

(53) 拙稿「ウォルター・シトリーンの対外交渉——アントウェルペン労働者オリンピアードに向けて」(大熊廣明/真田久/榊原浩晃/齋藤健司編、阿部生雄監修『体育・スポーツの近現代——歴史からの問いかけ』所収、不昧堂出版、二〇一一年)を参照。なお、全労スポーツ協会が主導したイギリスのベルリン・オリンピック反対運動については、本書第1章を参照。ノエル＝ベーカーが全労スポーツ協会の運動を好意的に評価したのは、両者の間にオリンピック精神の強調とベルリン大会反対の論拠に関する共通理解ができていたことに、大きな要因があったと思われる。その点については、次の資料の内容から明らかである。それは、全労スポーツ協会が加盟するアマチュア陸協の規約第三十七条に基づいて、アマチュア陸協臨時総会をその加盟組織に対して呼びかけた手紙(十二月十七日付)である。以下に、全労スポーツ協会の見解がよく表されている箇所を引用する。「ベルリン大会の組織委員会は以下のように明言しています。「大会の創始者の精神のなかに、国際オリンピック委員会は、青年の祭典や奉仕の祭典を、そしてスポーツと人々の友情や人類の高貴さへの価値を見いだしています」。つまり私たちは、ドイツで大会を開催することによっては、これらの目的を達成することは不可能であり、そのために、イギリスのスポーツマンはアマチュア陸上競技協会を通じて参加をとりやめるべきである、という意見をもっています。政治はスポーツに介入すべきでないと言われてきました。わが国や多くの別の国々では介入の事実はありませんし、全国労働者スポーツ協会はアマチュア陸上競技協会などの忠実な加盟団体なのであります。しかし、ドイツ政府は、スポーツを統制するためにその政治機構を利用しています。一九三二年にわが協会によって準備されたスポーツ・ツアーが禁じられ、競技する相手になっていたクラブが弾圧され、多くの指導者が強制収容所へ送られ、カトリックとプロテスタントの組織が彼ら自身のスポーツクラブを維持することを、あるいはスポーツと関わることを拒否されました。彼らがナチ・ユーゲントかナチが支配するスポーツクラブに加盟する意志をもたないかぎり、そうされたのでした。実際に、ユダヤ人、労働組合員、ナチ党の党員でない者がスポーツに参加することはまったく不可能なのです」。Letter from the National Workers' Sports Association to affiliated clubs to the Amateur Athletic Association, December 17th, 1935.［MRC/MSS.292/808.91/1］さらに、全労スポーツ協会がノエル＝ベーカーも執行委員に名を連ねるイギリス労働党とTUCの庇護のもとに創設された組織だった、という事実も指摘しておかなければならない。

（54）Letter from F. E. Warner to Philip NoelBaker, January 10th, 1936.［CAC/NBKR/6/54/1］

（55）ロバート・モンドはイギリスの実業家であり、世界ユダヤ人経済連盟の名誉会長として、ドイツから他国へと貿易の経路を変更するためにドイツ製品のボイコット運動を進めていた。また、イギリスのドイツ系ユダヤ人難民の救援活動を支援する活動にも携わっていた。“Sir Robert Mond, Here on

Visit, Calls World Boycott Effective", *Jewish Telegraphic Agency*. (https://www.jta.org/1934/05/27/archive/sir-robert-mond-here-on-visit-calls-world-boycott-effective)［二〇一九年七月二十一日アクセス］

(56) International Committee for Preserving Olympic Idea, FAIR PLAY. To All Friends and Supporters of the Olympic Movement, Paris, April 1936.［MRC/MSS.292/808.91/1］オリンピック理念擁護国際委員会の創設経緯とイギリス人の関与については、本書第1章で若干の情報を提供した。なお、国際フェアプレー委員会の設立総会にロバート・モンドが出席していたことは確認できている。

(57) Letter from Philip NoelBaker to F. E. Warner, January 14th, 1936.［CAC/NBKR/6/54/1］

(58) Letter from F. E. Warner to Philip NoelBaker, January 19th, 1936.［CAC/NBKR/6/54/1］

(59) Letter from Philip NoelBaker to F. E. Warner, January 20th, 1936.［CAC/NBKR/6/54/1］

(60) Letter from Rennie Smith to Philip NoelBaker, January 3rd, 1936.［CAC/NBKR/6/54/1］

(61) The Committee on Fair Play in Sports, a Statement of the Case against American Participation in the Olympic Games at Berlin, n.d.［CAC/NBKR/6/54/3］

(62) Letter from Elic Koubo to Philip NoelBaker, January 10th, 1936.［CAC/NBKR/6/54/1］

(63) Letter from Philip NoelBaker to Norman Angell, January 17th, 1936.［CAC/NBKR/6/54/1］

(64) Letter from Samuel K. Maccabee to Norman Angell, December 13th, 1935.［CAC/NBKR/6/54/1］

(65) 前掲「1936年バルセロナ人民オリンピック」三二六ページ以下を参照。

(66) 一九三六年八月十五・十六日にニューヨークのランドール島で開催された世界労働者競技カーニバルについては、"Edward S. Shapiro, "The World Labor Athletic Carnival of 1936: An American Anti-Nazi Protest", *American Jewish History*, Vol. LXXIV, No.3, 1985 が詳細に研究している。

（67） Whittaker, *op. cit.*, p. 135.

（68） *Ibid*, p. 140.

（69） Minutes of a Meeting of the British Olympic Council, January 30th, 1936.［BOA.nc］

（70） Minutes of the Annual General Meeting of the British Olympic Association, February 27th, 1936.［BOA.nc］

（71） *The Times*, March 7, 1936, p. 13.

（72） Minutes of a Meeting of the British Olympic Council, May 7th, 1936.［BOA.nc］

（73） Ibid.

（74） Minutes of a Meeting of the British Olympic Council, June 3rd, 1936.［BOA.nc］一九四〇年オリンピック大会のロンドン招致と招致撤回の過程については、拙稿「オリンピック大会を自然死させよ！——戦前二つのオリンピックをめぐるイギリス協調外交」（有賀郁敏／池田恵子／小石原美保／福田宏／松井良明／功刀俊雄／真田久／石井昌幸／青沼裕之／山下高行著『スポーツ』〔「近代ヨーロッパの探究」第八巻〕所収、ミネルヴァ書房、二〇〇二年）、拙稿「イギリス協調外交と東京オリンピック——「自然死」を待つ帝国」（前掲『幻の東京オリンピックとその時代』所収）を参照。

（75） Lord Aberdare, “Olympic Games have a special place outside politics”, *World Sports*, May 1936, pp. 56.

（76） *The Times*, March 7, 1936, p. 13.

（77） Aberdare, op.cit., pp. 56.

補論　ノエル＝ベーカー文書に収められた亡命者によるナチ・スポーツ情報

はじめに――亡命者によるナチ・スポーツ情報の所在と資料的意味

本補論では、イギリスでベルリン・オリンピックへの抗議行動が展開される過程で、P・J・ノエル＝ベーカーが入手し利用した亡命者のナチ・スポーツ情報の発信意図と内容を検討し、さらに、それらがノエル＝ベーカーの主張にどのような証拠や論拠を与えたのかについて考察する。

一九三六年ベルリン・オリンピックは周知のとおり、ヒトラー政権下のベルリンで第三帝国の威信をかけて準備し開催された大会であり、日本はもとより欧米でも実情はあまり知られていないが、当時の欧米の競技界や世論では、開催支持か反対かの論戦と行動が展開された大会だった。なかでも、アメリカ競技連合を二分したアメリカの反対運動は、三三年という早い時期から徹底的に進められた。アメリカ競技連合の年次総会（一九三五年十二月）で僅差でベルリン・オリンピック参加が決議されたが、この動向はヨーロッパにも大きな影響を与え、ヨーロッパ各国でも連動した反対運動が起こった。イギリスでも、アメリカほどではなかったが、競技界、ジャーナリズム、政府・官庁、労働組合などを巻き込んで論争が展開された。

このとき、欧米で多様な人々、組織によって展開された反対運動を交流させようとする努力もあったが、そうした情報交流のうちで各国の反対運動に詳細な情報を与えたものの一つが亡命者によるナチ・スポーツ情報だった。この情報は、ドイツ・スポーツ界でのユダヤ人、カトリック教徒、社会主義者の差別・抑圧、スポーツの政治的悪用の諸事実を丹念に立証して、ナチスの言行不一致を徹底して暴き出す性格のものだった。

本補論で検討するのは、そうした多くの情報のなかでノエル゠ベーカーが入手し、現在ノエル゠ベーカー文書に収められている三つの文書である。ナチ・スポーツの実情について克明に論じたこの三つの文書は本補論での紹介が初出である。そもそもノエル゠ベーカー文書自体が、イギリス本国の大戦前スポーツ史研究ではあまり利用されておらず、ジェレミー・クランプ論文で陸上競技史に関して利用されているだけである。(1) 近年、第二次世界大戦後のイギリス・スポーツ政策を研究した文献が出版され、そのなかでノエル゠ベーカー文書が多様に活用されているが、(2) 大戦前のスポーツ政策・運動史関係の著作ではまだ活用されていないのである。この理由については明確に説明できないが、イギリスのベルリン・オリンピック反対運動が研究対象として正面から扱われてこなかったことに最大の原因があるように思われる。

さて、この時期のノエル＝ベーカーの行動についてまとめると、当時ノエル＝ベーカーは、ベルリン・オリンピック反対・移転の立場から、イギリス国内外のベルリン・オリンピック反対派、それとは逆のオリンピック推進派の人々との連絡や交渉にあたり、「マンチェスター・ガーディアン」などを通じてイギリス世論に向けてベルリン大会移転を訴える活動を展開していた。彼は、一九一〇年代と二〇年代にオリンピック代表選手として、そして役員としてオリンピック運動に携わり、同時に労働党の執行委員や庶民院議員として、三〇年代前半まで国際連盟や軍縮会議の場で国際平和と軍備縮小のための活動を展開していたために、その交際範囲は各国の政治家、平和活動家、スポーツ関係者と多方面に及び、影響力を行使できる、また周囲から頼りにされる人物だった。

その彼が、ベルリン・オリンピック反対・移転に向けて議論を重ねたのは、実のところ、周囲から押された面が強かったようだったが、こうした状況下で彼が議論に際して有力な論拠としたのが、本補論で検討する亡命者によるナチ・スポーツ情報だった。以下に、そのことを証明する「一九三五年九月二十六日付のノエル＝ベーカーからアマチュア陸上競技協会理事のハロルド・エイブラハムズへの手紙」の抜粋を示す。

あなたがアバーデア、デイヴィッド他の人に会うおつもりでしたら、まず「タイムズ」に手紙を書いて、論点のすべてを提起しておきましょう。私の手元には、亡命者が残したかなり質がいい証拠文書があるのです。(3)

この「亡命者が残したかなり質がいい証拠文書」こそノエル＝ベーカーが利用したナチ・スポーツ情報の一部だった。

それではここで、これらの文書の題目とその所蔵先について説明しておく。三つの文書は、ケンブリッジ大学チャーチル・カレッジ、チャーチル文書館に、NBKR/6/54/2（NBKR は NoelBaker Papers の略称、続いて Section ／ Box ／ File）の分類番号で収められている。文書①「管理委員会（代表ルードルフ・レーオンハルト）からアメリカ競技連合会長（ジェレマイア・マホニー）への手紙の写し」、日付なし。(4) 文書②「ドイツでの一九三六年オリンピアードの準備に関する記録」、日付なし。(5) 文書③「〈オリンピア資料、第一号〉ドイツとオリンピック大会：ユダヤ人スポーツマンの扱いに関する事実」、日付なし。(6) この文書には、同内容の英語文書「オリンピア問題に関するいくつかの事実」が付属する。

文書①には差出人と宛先が明記されているが、文書②と文書③は不明である。文書①の差出人である管理委員会のメンバーはすべてフランスに難を逃れた著名な亡命ドイツ人である。したがって、三つの文書作成にあたって資料を提供した人々、また文面をつくった人々が同一だったかどうかは確認できないが、ドイツ国内で非合法活動をおこなっているレジスタンスや他国の協力者の手を借りていることは十分に考えられる。また、文書②と③については、作成者も差出人も不明であり、さまざまな組み合わせが考えられるだろう。しかし、ノエル＝ベーカーが「亡命者が残したかなり質がいい証拠文書」と述べていることを考慮すると、フランスに亡命したこれら著名なドイツ人が文書②と③に関係していたことは十分に考えられるだろう。

次に、作成・発信の時期だが、文書③には「彼ら〔ユダヤ人：引用者注〕は、一九三五年夏の全面的な反ユダヤ主義の波に押し流されてしまった」という文言が記されているから、ユダヤ人の市民権を剝奪した「ニュルンベルク法」制定の三五年九月十五日以降に書き表され、送付された。そして、前出のノエル＝ベーカーの手紙の日時から判断して、三つの文書のうち一つは、九月二十六日以前にノエル＝ベーカーの手元にあったことが確認できる。

1　亡命ドイツ人の活動とナチ・スポーツ情報の発信

前節で見たように、三つの文章のうち文書①は差出人がわかっているので、それら亡命ドイツ人に関してだけ、それぞれの人物と行動について概略する。なお、以下の人物と出来事に関する叙述については、すべて次の二つの文献、長橋芙美子『言葉の力で』(7)と山口知三『ドイツを追われた人びと』(8)に負っている。

ここで最大の疑問は、どうしてこれらの人々が文書①に記された管理委員会に名を連ねたかである。

管理委員会とは、何のための管理委員会なのか。これはいまのところ明らかでないが、管理委員会に名を連ねた人々がルテーツィア・クライス、すなわちヒトラー独裁に反対してドイツ人民戦線運動を推進しようとパリのホテル・ルテーツィアに集まったグループの構成メンバーだった事実に、ここでは注目しておきたい。管理委員会の十一人の構成は、亡命作家三人、ジャーナリスト一人、社会学者一人、社会民主党員二人、共産党員一人、不明三人で、これに「戦争とファシズムに反対するドイツ委員会」「ドイツ著作家擁護連盟」などの八つの団体が加わっていた。(9) これらの個人と団体をつなぐ共通の思いは、主義主張の違いを超えて統一的な反ナチス闘争を先導し、そしてスポーツの領域でも組織したいということだった。そのあたりの事情を以下に概略する。

管理委員会に名を連ね、献身的にはたらいた亡命作家やジャーナリストらは、早くから反ファシズム文化運動に結集し、反ナチス闘争の重要な勢力になっていた。ヒトラーが政権を取って数カ月後の一九三三年夏には、数多くの亡命作家らが参加してドイツ作家擁護連盟がパリで再建された。各国に支部をもち、ドイツ亡命作家のセンターとして大きな役割を果たすことになるこの連盟には、ルードルフ・レーオンハルト、ハインリヒ・マン、リーオン・フォイヒトヴァンガー、ゲオルク・ベルンハルトらが中心的メンバーとして参加し、レーオンハルトが会長を務めた。ベルンハルトは、パリで唯一のドイツ人亡命者の日刊新聞「パリーザー・ターゲブラット」の編集長だった。彼らはまた、三五年六月下旬にパリで開催された文化擁護国際作家会議にもドイツを代表して参加し、作家たちの反ファシズムのための国際連帯の運動に加わっていた。

この作家たちの反ファシズム運動を視野に収めながら、それと並行して、前記のルテーツィア・クライスを準備する活動が、ドイツ共産党のヴィルヘルム・ケーネン、ヴィリ・ミュンツェンベルクらを中心に進んでいて、これに当初からレーオンハルトが参加し、ハインリヒ・マン、エルンス

写真17　ハインリヒ・マン：1871年3月27日生—1950年3月11日没。ドイツの作家、評論家。亡命中にドイツ人民戦線準備委員会（ルテーツィア・クライス）の議長、ドイツ社会民主党の名誉会長に選ばれた。左がハインリヒ・マン、右が弟のトーマス・マン。1900年に撮影
（出典：https://upload.wikimedia.org/wikipedia/commons/0/00/Heinrich_Thomas_Mann.jpg［2019年7月16日 アクセス］）

写真16　ルードルフ・レーオンハルト：1889年10月27日生—1953年12月19日没。ユダヤ人の弁護士の家族の出身。ドイツの詩人、作家。1933年10月30日の外国でのドイツ作家擁護同盟の結成に尽力し、結成当初からフランス支部長として活動した。フランスでレジスタンス運動にも参加した。1951年に撮影
（出典：https://upload.wikimedia.org/wikipedia/commons/2/2b/Bundesarchiv_Bild_183-12628-0001%2C_Berlin%2C_Tagung_deutscher_Verleger%2C_R._Leonhard.jpg［2019年7月16日アクセス］）

ト・トラー、リーオン・フォイヒトヴァンガー、ゲオルク・ベルンハルトらの亡命作家やジャーナリスト、そしてドイツ社会民主党のルードルフ・ブライトシャイト、マックス・ブラウンらが賛同して加わってきた。ブライトシャイト、ブラウンらは個人として、プラハの亡命社会民主党指導部の見解に反して統一戦線を支持する立場をとっていた。このルテーツィア・クライスの運動には、共産党とプラハの社会民主党指導部との関係、社会民主党内部の確執、無党派知識人とこの二つの左翼政党との関係など、複雑な関係とそれぞれの思惑が絡んでいるので、本書でこれ以上深入りすることはできないが、この運動が左翼政党による政治運動とだけ理解されてはならない。

最後に、ルテーツィア・クライスの活動と反ナチ・スポーツ運動との関係について、若干補足しておきたい。ルテーツィア・クライスの議長として、人民戦線運動の組織化に寄与したハインリ

写真18　ゲオルク・ベルンハルト：1875年10月20日 生 ―1944年2月10日没。1933年12月に友人たちとともに、ドイツ反対派の日刊新聞「パリーザー・ターゲブラット」を設立。1928年に撮影
（出典：https://upload.wikimedia.org/wikipedia/commons/c/c0/Bundesarchiv_Bild_102-06068%2C_Georg_Bernhard.jpg［2019年7月16日アクセス］）

ヒ・マンは、きわめて多忙な活動のなかで、一九三六年六月六・七日にパリ国際協議会を開催したオリンピック理念擁護国際委員会にも設立当初から参加していて、その彼が管理委員会に名を連ねたことは当然と言えるだろうが、きわめて重要だった。また、ゲオルク・ベルンハルトが管理委員会に名を連ねていたことも重要だった。彼は、前述のとおり、ドイツのスポーツ界の内実を暴露した通信と論説を定期的に掲載した新聞「パリーザー・ターゲブラット」の編集長だったのである。さらには、カール・ハインツ・ヤーンケの著作を見ると、管理委員会に所属する人々の名で「オリンピアードのために」と題するビラを各国の仲間に向けて送っていたことがわかる。[10]これは、若干体裁を変えたり、署名者のなかの左翼政党関係者の氏名を削除したりして適宜各国の団体や個人に向けて調整のうえで送られたようである。また、前述の文書③のドイツ語版に「第一号」とあったように、第二号以下が出された可能性もある。彼らのベルリン・オリンピックに抗議する活動の全体像は、今後明らかにされなければならない課題である。

2　亡命者によるナチ・スポーツ情報の要点と特徴

ハインリヒ・マンら亡命ドイツ人が、なぜ、こうしたナチ・スポーツ情報を各国の反対派に発信したのか、は前節からおおむね理解できただろうから、この節では、彼らを含め亡命者が何を伝えようとしたか、を三つの文書の内容に即して明らかにしていきたい。

ルードルフ・レーオンハルトが代表を務めた管理委員会が、ベルリン・オリンピック反対に最初に立ち上がり、スポーツ界を二分して争ったアメリカでの最大の反対派、すなわちアメリカ競技連合会長ジェレマイア・マホニーに送った手紙（文書①）から、彼らの意図と趣旨が見て取れる。手紙の内容には、「歴史上初めてオリンピアードは、どんな人種や信条にあっても最高の競争相手を承認するという、公平無私に関する伝統的な信望を失う危険に直面しています。（略）アーリア人も非アーリア人も平等なオリンピック競技者として扱うという厳粛な国際的義務にもかかわらず、国民社会主義政府［ヒトラー政府：引用者注］は系統だった差別を実行に移しています[11]」という、彼らにとって許しがたいドイツの状況認識がまずあった。そこから、さらに問題を以下の三点に絞って、マホニーに訴えて理解を求めていく。第一は、国民社会主義政府がカトリック教徒や社会主義者のスポーツ組織の活動をテロによって停止させ、その指導者を検挙し虐待したこと、第二は、第三帝国の軍幹部がオリンピアードを利用してさまざまな国の若者の体力状態に関する調査結果を入手しようとしていること、第三は、国民社会主義政府がすべての国の若者を国民社会主義の宣伝者に仕立てようとしていること、だった。こうしたナチスのスポーツ統制と政治的利用への怒りと対抗心から、管理委員会はアメリカでのベルリン・オリンピック反対派の運動に対して感謝と同意の挨拶を送ったのである[12]。

この文書①に対して、文書②と文書③は、一九三三年以降のナチス・ドイツのスポーツ界で何が起こっていたかをより克明に記しているのだが、こうしたドイツ国内のスポーツ統制の実態が、各国の反対派に大きな衝撃をもたらしたことは疑いない。この二つの文書の叙述で特徴的なのは、ドイツ国内の権威者やIOC会長が約束した事柄が、ヒトラー政府のもとでどれほど無視され、守られていないかを、確かな証拠から具体的な例を挙げて示していることである。

文書②「ドイツでの一九三六年オリンピアードの準備に関する記録」では、まず、「パリ・ソワール」に掲載された一九三五年八月八日のインタビューで、ベルリン・オリンピアード委員会事務総長のドライン博士が、「もし彼女〔一九二八年アムステルダム・オリンピック優勝者のヘレーネ・マイヤー：引用者注〕が大会に参加したいと望むなら、彼女は許可され歓迎されるだろう」[13]と述べたことが記される。しかし、三五年八月八日付の「パリーザー・ターゲブラット」によれば、ヘレーネ・マイヤーの名がリストから消されたことが伝えられている。また、ドイツ帝国スポーツ指導部の公式機関誌「シュポルト」第五十五号では「いまのところドイツには、オリンピック大会に出場する能力があるユダヤ人はいない」と述べているが、前掲の「パリーザー・ターゲブラット」には、大会への参加が妨げられなければそこに参加したかもしれない九人の男女のユダヤ人スポーツマンの名が挙げられている。したがって、ドライン博士の約束は信じることができないと反証したのである。[14]

もう一つの事例として、一九三五年八月十日付の「パリーザー・ターゲブラット」のメッセージによれば、IOC会長のバイエ゠ラッツール伯爵は、「オリンピアードがどこかよそで開催されなければならないというのは可能である。（略）もしドイツのスポーツ長官フォン・チャンマー・ウント・オステンが、ユダヤ人がトレーニングするのを妨げていることが真実であると立証されるならば、われわれはオリンピアードの場所を変更する義務があるだろう」[15]と述べていた。これについて、

「パリーザー・ターゲブラット」は「シュポルト」から、ボートと体操の団体がユダヤ人を排除している事例を引用している。また、一九三五年八月二十八日付の「パリ・ソワール」の記事から、非アーリア人プレーヤーと試合をしたという理由でドイツ人フットボール・プレーヤーが追放されたことを伝えている例も挙げている。[16] ここでは、IOCに対するオリンピック大会移転の主張などはなされていないが、大会の移転を正当化しうる諸事例を紹介することで議論の前提を作っている。

文書③の付属「オリンピア問題に関するいくつかの事実」は、多くの資料をもとに、アメリカに限らず外国の未知の読み手を意識して、ユダヤ人競技者の差別や排除の実情を詳細に伝える文書である。ごく簡単に筋を追って説明してみたい。途中理解しやすさを考えて、《》でくくって小見出しをつけている。

一九三四年にアベリー・ブランデージ氏（アメリカ・オリンピック委員会会長）がドイツを訪れたとき、ドイツ・スポーツ当局は、オリンピック大会に対して脅威になる危険を回避する必要を感じ、二つの卓越したユダヤ・スポーツ連盟、すなわち「マカビ」と「シルド」（ユダヤ前線兵士帝国同盟）と交渉して、双方をユダヤ・スポーツ連盟帝国同盟に結集させ、規則を定めさせた。この規則では、ユダヤ人スポーツマンが多数のスポーツマンと一緒に試合へ出場することが許されること、オリンピック競技者の選抜にユダヤ人スポーツマンも含められること、トレーニングの機会がユダヤ人スポーツマンに自由に与えられること、が定められていた。

しかし、昨年の展開は、この規則がまったく守られていないことを証明した。決定的なことは、ユダヤ人のスポーツ活動のすべてが厳しく束縛され、また束縛され続けているために、スポーツ・

チャンピオンを選抜するために必要な条件が欠けているという事実なのである。公共のグラウンドの利用はどこもユダヤ人には禁じられていた。トレーニングが可能なところでも、彼らは一九三五年夏の全般的な反ユダヤ主義の波（ニュルンベルク法などによるユダヤ人の市民権剝奪）にさらわれてしまった。その具体的事例は以下のとおりである。

図8　ベルリン・オリンピックの風刺画。ユダヤ人競技者は強制収容所に入れられ、オリンピック精神がないがしろにされていることを風刺している
（出典：https://warwick.ac.uk/services/library/mrc/explorefurther/images/olympics/292-808.91-3.jpg?maxWidth=400&maxHeight=330［2019年7月16日アクセス］）

《トレーニング施設の利用拒否》帝国スポーツ・コミッサールのフォン・チャンマー・ウント・オステンと副官リュトヴィッツは、前記の規則が守られていたか理解しようと努めていた。しかし、彼らは党幹部に対して力をもたなかった。また、彼らが派遣した地方代理人でさえも、彼らの命令に背いている。地方代理人は私営のスポーツ団体の会長を呼びつけて、コミッサールの手紙に従って、ユダヤ人の連盟がトレーニングの場を得る権利を有することを表向きは伝える一方で、実際には、ユダヤ人がスポーツ・グラウンドを利用できないことを厳命している。特にユダヤ人スポーツ連盟にトレーニング施設の利用を許していたカトリックの協会は、さまざまな手段で抑圧され、ユダヤ人への貸与を禁じられた。公営・私営のスイミング施設でのトレーニングも、一九三五年夏以降阻止された。[17]

《運賃割引の廃止》国家によるスポーツクラブの助成という点では、鉄道料金の割引が、一九三三年以降ユダヤ人に対して無効にされた。ユダヤ・スポーツ連盟帝国同盟は割引の権利を要求したが、かなわなかった。[18]

《競技機会の剝奪》ベルリン婦人警察のチームとシルドの婦人グループとの非公式の競技が以前からおこなわれていたが、SS（ナチ親衛隊）の機関誌「シュヴァルツェ・コルプス」に、帝国スポーツ・コミッサールが試合に参加した婦人を除名するようベルリン警察に通達した、という通知が掲載された。ドイツ人のどのようなチームもユダヤ人のスポーツクラブと競技することはできないのである。[19]

《オリンピック代表選抜の機会の剝奪》オリンピック代表に選ばれる条件として、一九三五年夏にヴッパータル・エルバーフェルトでおこなわれた帝国選抜テストに、シルド加盟の高跳び選手グレーテル・ベルクマン嬢は名前を登録されながらも、「全住民の気分を気遣って」棄権させられた。次期の選抜テストにも出場できなかった。理由は、「帝国体育同盟の会員でない者は、こうしたスポーツをする資格を与えられるべきでない」ということだった。ユダヤ人は帝国体育同盟の会員としては認められていなかった。こうして、適格なユダヤ人スポーツマンでさえ、ドイツでは大きな困難に直面していたのである。[20]

以上のとおり、文書②と文書③は、過去に与えられた約束の侵害や不履行によって、あらゆるユダヤ人のスポーツ団体とスポーツマンが、オリンピックや国際競技会の条件であるトレーニングをする機会を奪われている、という状況を克明に伝えている。ユダヤ人の差別や迫害の全般的な問題に解消せずに、徹底してスポーツの問題にこだわって、ユダヤ人スポーツマンの差別と抑圧の実態を明らかにしているところが特徴的だった。

3 ノエル=ベーカーの論述の論拠となった亡命者によるナチ・スポーツ情報

前節の考察から亡命者のナチ・スポーツ情報の特徴は明らかになったが、これらがノエル=ベーカーの主張でどのように論拠として使われたかについて最後に検討しておきたい。

ノエル=ベーカーが亡命者によるナチ・スポーツ情報について具体的に言及したものは、実はきわめてわずかである。前述のハロルド・エイブラハムズ宛ての手紙では、「「タイムズ」に手紙を書いて、論点のすべてを提起」するために、「亡命者が残した質のいい証拠文書」がよりどころになると示唆されていた。もう一つの言及は、四十数年後のモスクワ・オリンピックに際して、外務・連邦省の国務大臣ダグラス・ハードが大会ボイコットを要請してきた手紙への返信でなされている。それは次のような記述である。「私はベルリンには行かなかったのですが、道義上申し上げるならば、私はドイツ人の友人からの豊富な証拠をもっていましたので、ベルリンで何が起こり、その後どうなったのかを説明した記述はまったく正当なものです」[21]。ここにいう「ドイツ人の友人からの豊富な証拠」が、亡命ドイツ人によるナチ・スポーツ情報なのか、それとは別のドイツ人の友人からの情報なのか、は確証できない。実際、ノエル＝ベーカーは一九三〇年代当時には複数のドイツ人やドイツ系ユダヤ人と手紙のやりとりをしていたのである。したがって、現在の資料状況からは、どちらかをはっきりさせることはできないが、その両者を含めての情報だと考えていいだろう。

まずは、以上の点を確認したうえで、以下では、具体的に亡命者による情報とノエル＝ベーカーの主張との関係について検討していく。

過去六年間トインビー・ホールのレジデントであり、イースト・ロンドンの大学セツルメントに携わっていたとするカドバリーへの、ノエル＝ベーカーからの一九三五年十一月二十八日付の返信で、ノエル＝ベーカーが、「私はオリンピックの友人たちと、私たちが大会に関わるドイツのユダヤ人競技者の扱いについて、どうしたら抗議できるかを話し合っていましたし、近日中にその問題について「タイムズ」に投書するだろうと思います[22]」と述べているように、彼は、ベルリン・オリンピックでのナチスのユダヤ人競技者の扱いについて問題にせざるをえない立場にあった。この後、彼は、この問題についてさまざまな機会に見解を明らかにしている。実際には投書をとりやめた「タイムズ」への原稿「P・J・ノエル＝ベーカーから「タイムズ」の編集長への手紙」や「マンチェスター・ガーディアン」の論説がそれである。これらから、亡命者によるナチ・スポーツ情報と彼の主張との関わりを知ることができる。その関係を示している部分を以下に抜粋する。

第三帝国で、政治はすべての組織的なゲームのあらゆる側面に入り込んでいますし、圧力を加えています。ドイツ人の卓越した人々――平和主義者、国際主義者、少し前に国民の多数を組織していた左翼政党の著名なすべての支持者、そしてユダヤ人――は、近代史で匹敵するものがない迫害によって、「オリンピック・クラス」の達成のためには欠くことができない準備を進めることを、力ずくで阻まれています。

ドイツ・チームは、政治的な観点から選抜されることで、ドイツ国民のごく一部を代表するでしょう。この点で、あからさまなユダヤ人競技者の排除には、身体的および心理的の両面でオリンピック競技者のトレーニングがなされなければならないことを知る誰をも承服させせないでしょう。(23)

次の事実が回答〔ドイツ・オリンピック委員会代表が与えた保証に対する反証：引用者注〕を示しているように思われます。（略）最近の立法〔ニュルンベルク法：引用者注〕によって、第三帝国がユダヤ人からドイツ市民権を奪った結果、一九三四年に国際オリンピック委員会に与えられた保証の三点目〔非アーリア人も含め、ドイツ市民だけがドイツチームの将来のメンバーとなることができるという保証：引用者注〕が無に帰したこと、つまり名誉あるオリンピックのユダヤ人代表が自動的に除外されること、です。この立法が基礎を置く公然の原則は、ユダヤ人が劣等人種であるというものです(24)。

スポーツが非政治的であるという論点は、今回のオリンピアードとは無縁です。ドイツでは、スポーツはとことんまで政治的に演じられているのです。ちょっとした事例で証拠としては十分でしょう。昨夏、ドレスデンだったかその近郊だったか、テニス・トーナメントの勝者が授賞式で失格にさせられました。彼が完全に国民社会主義者であると証明できなかったからです。カトリック・スポーツ協会が禁止されるという事実については言うまでもありません(25)。

前記「タイムズ」の編集長宛て手紙の最初の引用文は、文書①の情報全体に関わっている。同じ手紙の後者の引用文の前段は、文書③に書かれた内容に対応している。同引用文の後段の記述は、文書③に書かれた内容に対応している。そして、「マンチェスター・ガーディアン」の引用文は文書②の記述と一致している。

以上の事例を見てわかるとおり、亡命者のナチ・スポーツ情報に示されていたユダヤ人、カトリック教徒、社会主義者、さらにはナチスの統制に反する者の迫害の事実が、ノエル＝ベーカーの主張の証拠になっていたのである。また、オリンピックへの平等な参加を保証する競技者のトレーニングの重要性が強調されていることは、亡命者によるナチ・スポーツ情報にもノエル＝ベーカーの主張にも共通するところである。さらに言えば、「オリンピック憲章」の「参加資格の平等」条項などやドイツ・オリンピック委員会代表の公式発言などをまず挙げて、それらに対して約束の不履行の事実を突き付けていくという論証の仕方が両者に共通である。この最後の論点は重要で、こうした論証の仕方は、亡命者によるナチ・スポーツ情報とノエル＝ベーカーの主張だけに認められることではなく、オリンピック大会のベルリンからの移転を主張する人々に、ある種共通していたように思われる。例えば、論述の公平さを信条とする新聞「マンチェスター・ガーディアン」の社説にあってもそうだった。

注

（1）Jeremy Crump, "Athletics", in Tony Mason ed., *Sport in Britain: a social history*, Cambridge University Press, 1989, pp. 4477.

（2）ノエル＝ベーカー文書を利用したスポーツ政策史研究には以下の文献がある。Barrie Houlihan and Iain Lindsey, *Sport Policy in Britain*, Routledge, 2012, Kevin Jefferys, *Sport and Politics in Modern Britain: The Road to 2012*, Palgrave macmillan, 2012.

（3）Letter from Philip NoelBaker to Harold Abrahams, September 26th, 1935.［CAC/NBKR/6/54/1］アバーデアとは、一九二九年から五七年までイギリス選出のＩＯＣ委員だったアバーデア卿

(Clarence Napier Bruce, 3rd Baron Aberdare, 2 August 1885-4 October 1957）である。デイヴィッドとは、三三年から八一年までイギリス選出のＩＯＣ委員であり、五二年から六六年までＩＯＣ副会長を務めたデイヴィッド・バーレイ卿（David George Brownlow Cecil, 6th Marquess of Exeter, 9 February 1905-22 October 1981）である。

（4）Copy of a Letter from the Managing Committee to the President of the Amateur Athletic Union, n.d. ［CAC/NBKR/6/54/2］

（5）Documents concerning the Preparation of the Olympad of 1936 in Germany, n.d. ［CAC/NBKR/6/54/2］

（6）OLYMPIA MATELIAL, Nr.1. DEUTSCHLAND UND DIE OLYMPISCHEN SPIELE: Tatsachen über die Behandlung der jüdischen Sportler, n.d. ［CAC/NBKR/6/54/2］

（7）長橋芙美子『言葉の力で——ドイツの反ファシズム作家たち』新日本出版社、一九八二年

（8）山口知三『ドイツを追われた人びと——反ナチス亡命者の系譜』人文書院、一九九一年

（9）ハインリヒ・マン、エルンスト・トラー、レーオン・フォイヒトヴァンガー、ゴットフリート・ザーロモン教授、アルフォンス・ゴールドシュミット博士、ゲオルク・デッカー教授、ゲオルク・ベルンハルト教授、ルードルフ・ブライトシャイト博士（帝国議会の社会民主党会派の前議長）、ヴィルヘルム・ケネン（帝国議会とプロシア邦議会の共産党会派の前執行委員）、マックス・ブラウン（ザール社会民主党の議長）、クルト・ローゼンフェルト博士（前プロシア大臣、国会議員）：以上、個人構成員。ドイツ著作家擁護連盟、国外のドイツ科学・芸術家の救援組織、戦争とファシズムに反対するドイツ委員会、社会主義ドイツ医師協会、国際法律家協会のドイツ支部、ザール自由戦線、亡命ドイツ人ジャーナリスト連盟、人権連盟のドイツ支部：以上、団体構成員。

（10）Karl Heinz Jahnke, *Gegen den Mißbrauch der olympischen Idee 1936: Sportler im antifaschistischen Widerstand*, Röderberg-Verlag, 1972, S. 9597.

（11）Copy of a Letter from the Managing Committee to the President of the Amateur Athletic Union, n.d. ［CAC/NBKR/6/54/2］

（12）Ibid.

（13）Documents concerning the Preparation of the Olympad of 1936 in Germany, n.d. ［CAC/NBKR/6/54/2］。引用文にあるベルリン・オリンピアード委員会はベルリン・オリンピック組織委員会のことだろうが、その場合、本委員会の事務総長（General Secretary）はカール・ディーム博士（Dr. Carl Diem）であって、ドライン博士（Dr. Drein）ではない。さらに、ベルリン・オリンピック組織委員会の委員一覧にドライン博士の氏名は記されていない（出典：https://www.sport-olympic.gr/sp/index.php/olympic-games/modern-olympic-games/summer-olympic-games/1936-berlin-summer-olympics/2195-1936-summer-olympics-olympic-official-report-volume-1［二〇二〇年四月四日アクセス］）。したがって、ドライン博士は組織委員会に何らかの形で関係している人物だと推察される。

（14）Ibid.

（15）Documents concerning the Preparation of the Olympad of 1936 in Germany, n.d. ［CAC/NBKR/6/54/2］

（16）Ibid.

（17）OLYMPIA - MATELIAL, Nr.1. DEUTSCHLAND UND DIE OLYMPISCHEN SPIELE: Tatsachen über die Behandlung der jüdischen Sportler, n.d. ［CAC/NBKR/6/54/2］

（18）Ibid.

(19) Ibid.
(20) Ibid.
(21) Anthony compiled, *op.cit.*, p. 154.
(22) Letter from Philip NoelBaker to G.W.Cadbury, November 28th, 1935. [CAC/NBKR/6/54/1]
(23) Letter from Philip NoelBaker to the Editor of the Times, n.d. [CAC/NBKR/6/54/1]
(24) Ibid.
(25) *The Manchester Guardian*, December 7, 1935.

第3章　ウォルター・シトリーンのナチ・スポーツ独裁批判

はじめに

ウォルター・シトリーンは第一次世界大戦後、イギリス労働組合の統括団体であるTUC総評議会の書記長であり、また国際労働組合連盟の議長を務めていて、労働運動の世界では国内でも国際的にも影響力を行使できる立場にあった。その彼が直接的に労働者スポーツ運動に関わりをもった初めが、ベルリン・オリンピック反対運動への関与だった。一九三〇年に全労スポーツ協会が設立されて以降、全労スポーツ協会はその規約でTUCの庇護下にあることを明記していて、そのために彼は、TUCの実務的代表者として、英労スポーツ協会（一九三六年四月十八日に開催された第六回年次総会で、全労スポーツ協会から名称変更）への協力と援助に責任をもたなければならなかったのである。本章の課題は、三〇年代後半に英労スポーツ協会の主導のもとに展開されたベルリン・オリンピック反対運動に対して、そしてアメリカを先頭に国際的に展開されたフェアプレー運動に対して、イギリス労働運動で指導的立場にあったウォルター・シトリーンがどのように関与したのか、を明らかにすることである。(1)

1　イギリス・ドイツ対抗フットボール・マッチとシトリーン

ベルリン・オリンピックのボイコットを求める全労スポーツ協会執行委員会の方針

写真19　ウォルター・シトリーン：1887年8月22日生―1983年1月22日没。1939年に撮影
（出典：https://commons.wikimedia.org/wiki/File:Lord_Citrine.jpg［2019年7月20日アクセス］）

シトリーンがイギリスのベルリン・オリンピック反対運動に関与することになったのは、全労スポーツ協会議長のハーバート・エルヴィンから手紙で以下のような要請を受けたことによる。すなわち、TUC総評議会が「オリンピアードのボイコットを国際的にも国内的にも組織することを求める」全労スポーツ協会執行委員会の「方

写真20　テオドール・レヴァルト：1860年8月18日生―1947年4月15日没。IOC 委員（在任期間1926―38年）。写真の右から順にテオドール・レヴァルト、アベリー・ブランデージ、ユリウス・リパート（ベルリン・オリンピックの際に撮影）
（出典：https://commons.wikimedia.org/wiki/File:Brundage_at_Berlin.jpg［2019年7月20日アクセス］）

針に沿って行動してくれる」[2]ように依頼されたのである。この手紙による依頼は一九三五年十月十五日だったが、早くも十月二十二日のＴＵＣ総評議会の会議で、ベルリン・オリンピックをボイコットする全労スポーツ協会の提案は同意された。[3]そして、シトリーンはＴＵＣ総評議会の書記長として、この決定の実施に公的な責任をもつことになった。

一九三五年夏以降は、イギリスでベルリン・オリンピック反対運動が活発になった時期である。その年の八月には、イギリス初の労働者スポーツ組織であるクラリオン・サイクリングクラブが大会開催地移転・不参加のキャンペーンを開始し、十月十二日には全労スポーツ協会執行委員会が「オリンピアードのボイコットが国際的にも国内的にも組織されるよう求めること」[4]を決議し、そのための方策について議論している。ＴＵＣ総評議会への行動要請もその方策の一つだった。ハーバート・エルヴィンは全労スポーツ協会の設立当初からその中心的なメンバーであり、三八年にはTUC会長になった人物である。他方、ウォルター・シトリーンは二五年に三十六歳の若さで書記長に就任して以来、戦後までTUCの実質的な責任者の一人だった。彼ら二人は、以後も反ファシズムを標榜する労働者スポーツ運動で密接な関係を保っていく。

さて同年十月に、イギリス外務省宛てにワシントン駐在大使からアメリカでのベルリン・オリンピック・ボイコットの動きが伝えられ、その一つとして、アメリカ競技連合会長のジェレマイア・マホニーがドイツ・オリンピック組織委員会会長のテオドア・レヴァルト宛てに公開書簡を送り、大会開催地がベルリンから移転されないかぎり選手を派遣しないと主張したことが知らされた。当時すでにアメリカのベルリン・オリンピック反対運動は活発に展開されていた。このとき、イギリス外務省は何の動きも見せなかったが、このアメリカの動向はイギリスの同様な意向をもつ団体や個人にかなりの影響を与えた。時期は少し下るが、十二月十八日のTUC総評議会の会議で、シトリーンは「アメリカの労働者連盟が、近づく一九三六年のベルリン・オリンピアードに関してどのような行動をとってきたかについて調査する」[5]ことを約束している。この時期以降、手紙や電報でさまざまな意見交流や交渉がおこなわれるようになり、後述するように、シトリーンはそうした交流と交渉を進めたイギリスでの中心人物の一人となった。

シトリーンから内相ジョン・サイモンへの会見の申し入れ

十一月に入ると、シトリーンは、イギリスのフットボール協会がドイツ・フットボール協会と以前に取り決めていたイギリス・ドイツ対抗フットボール・マッチの件でにわかに忙しくなった。シトリーンは十一月十八日付の手紙で、内務大臣ジョン・サイモンに以下のような要請をおこなっている。イギリス対ドイツのスポーツ関係についてのシトリーンの理解が表されていて興味深い。

ナチ政府によって演じられた我慢できない蛮行が世界中に激しい非難を呼び起こしたことに加えて、ドイツの労働組合と労働運動の解体がわが国民の広範な諸階層の間に多くの悲痛な感情を生み出したことを貴殿はご存じでしょう。（略）これらの迫害の実例とともに監獄や強制収容所でいまも繰り返されている非人間的な虐待についての情報をもとに、それらが平和の重大な妨害へと至るときには、かなりの公的な憤慨がほぼ確実に示されるでしょう。私は貴殿に、計画されているフットボール・マッチを、そしてドイツからのナチ大派遣団のロンドンへの訪問を中止させるよう訴えます。ロンドンへの彼らの出現は疑いなく、そのねらいとやり方がわが国世論のあらゆる領域から最も激しい非難を招いてきたような行動に対して、首相や閣僚を含めたイギリス政府が共感を示すものだと多くの人々に理解されるでしょう。(6)

シトリーンの理解では、これは単に両国のスポーツ交流の問題というだけではなく、相手国ドイツは労働運動を解体し恐怖政治を敷いている国だから容易ならぬ国際政治の問題である、という認識だった。彼には、非人間的な蛮行を体制として推し進め、国際平和の妨害となるヒトラー政府の策略を黙認することはできなかったのである。

十一月二十七日のＴＵＣ総評議会の会議では、「議長と書記長とともに、ロンドンのメンバーが代表団を構成」し、内相ジョン・サイモンに面会を求めることが決定され、[7] シトリーンは同日の日付でジョン・サイモン宛てに手紙を書き送っている。[8] この代表団訪問の依頼はジョン・サイモンに受け入れられた。ＴＵＣ代表団の受け入れを知らせるサイモンからの返信が、十一月二十九日付でシトリーン宛てに送付されている。その手紙には、次のような内相としての見解が示されていた。つまり、「開催日は通常の方法でフットボール協会によって決められたのです。（略）政府の承認は求められもしなければ必要でもありません。（略）純粋にスポーツの競技会であるべきものに政治的感情を持ち込むことは最も望ましくないことである、と貴評議会も同意されると固く信じています」[9] と。ジョン・サイモンの主張の焦点は、スポーツの政治的中立性にあった。

しかし、シトリーンの主張はこれと異なり、イギリス・ドイツ対抗フットボール・マッチはナチスの政治的策略を実現する手段である、というものだった。したがって、議論の焦点はこの試合が純粋にスポーツの競技会であるのかどうかにあった。内務省代表とＴＵＣ代表の懇談会は十二月二日に実現し、この論点をめぐってシトリーンとジョン・サイモンは議論を戦わせることにな

写真21　ジョン・サイモン（初代サイモン子爵）：1873年2月28日生―1954年1月11日没。自由党内閣、挙国一致内閣、保守党内閣で内務大臣、外務大臣、財務大臣を歴任した。1931年に撮影
（出典：https://upload.wikimedia.org/wikipedia/commons/e/e2/Viscount_Simon.jpg［2019年7月20日アクセス］）

る。

内務省とTUC総評議会の懇談会でのシトリーンとサイモンの主張

十二月二日のこの懇談会には、内務省側から七人の出席者とTUC側から十一人の出席者があった。TUC代表には全労スポーツ協会議長のハーバート・エルヴィンも加わっていた。この懇談会での発言はジョン・サイモンの許可によってTUC側によって記録され、その詳細を目にすることができる。(10) 少し長くなるが、前記の論点をめぐってシトリーンとジョン・サイモンが戦わせた議論の要旨をまとめてみたい。それによって、両者がどのような証拠に基づき、イギリス・ドイツ対抗フットボール・マッチが政治問題なのか、それとも純粋にスポーツの競技会なのか、についての主張の中身が見えてくる。まずはシトリーンの主張である。

今日ドイツのスポーツが政府の活動であることは、少しも疑う余地がありません。スポーツは帝国コミッサールによって統制されていますが、帝国コミッサールはスポーツを組織するばかりでなく、そのスポーツでプレーするチームの政治的性格をきわめて強力に掌握しているのです。(略)ナチ政府はドイツの他のすべてのスポーツ組織を解体しただけではありません。そのなかには数多くの組織がありましたが、カトリック組織、キリスト教会に付属する組織、教会のプロテスタント支部、社会主義組織、およびたくさんの独立した組織は、大戦以来非常に大規模にスポーツを実施していたのです。それらのすべての組織は完全に破壊されましたし、その基金は没収されました。（略）貴殿はまた、コミュニティの一つの重要な階層、すなわちユダヤ人に関しては、彼らがいわゆるアーリア人とプレーすることさえ許されないことをご承知でしょう。彼らは同じ浴場で水浴びすることさえ許されないのです。彼らは水泳チームに加わることを許されません。彼らは同じグラウンドでプレーすることを許されません。彼らはどのような類いの接触ももつことを許されません。もしヒトラーがスポーツに政治を持ち込んでくるのであれば、ヒトラーがそれに責めを負うべきことを全面的に明らかにする必要がありますから、私はあえてこの点を強調しているのです。（略）このイベントは、貴殿や私が回避したいと願っている政治的な意味をもつことは避けられないでしょう。[11]

次に、ジョン・サイモンの主張を見よう。

私たちはと言えば、フットボール協会によって開催日がまったく私的に協議され決定された、と記すことが重要です。（略）例えば、私たちはイタリア人とも試合をしました。（略）パリではフランス・ドイツ対抗戦が開かれました。（略）私は全体として、約束の性格について誤解がないように、それに対処する最良の方法は、実はそれが純粋に私的で非常に名声が高い組織によって準備された純粋なスポーツ・コンテストであると宣言することであり、（略）試合はどのような政治的な意味ももたないと強く主張することだと考えます。[12]

結果的には、二人の議論は平行線のまま終わった。ジョン・サイモンにしてみれば、イギリス保守党政府の方針がドイツ融和政策（国際政治の元凶としてナチス・ドイツを敵視していても、世界中のイギリスの権益を守るために、ある限度内でのドイツの侵略を黙認した外交戦術）にあったのだから、ドイツを刺激してもめごとを起こすようなことは極力避けなければならなかったし、シトリーンには、ドイツの労働運動を解体したようなナチスの暴政が認められるはずもなかった。

ただし、二人の主張を検討するとき、そこには現在に至っても依然として議論になる論点が見受けられる。シトリーンは、このときの議論で、ドイツのスポーツ組織がナチスによって解体されたこと、ユダヤ人がドイツ国内でスポーツをする自由や権利を奪われていることを強調し、ドイツ国内のスポーツ差別の現状を政治問題として告発した。そして、来るイギリス・ドイツ対抗フットボール・マッチはナチスによるスポーツの政治的利用だとして中止させるよう要請した。これに対してジョン・サイモンは、イギリスとイタリアの対抗戦やドイツとフランスの対抗戦がすでにおこなわれていて、二国間スポーツ交流はあくまでスポーツ界の私的な催しであることを繰り返し、イギリス政府の最善の策は、こうした催しが非政治的なものだと国内外に示すことである、と応えた。つまり、シトリーンの主張は、人道主義的観点からナチスのスポーツ差別への反対とこの差別に対するイギリス政府の毅然とした態度表明と介入を求めたものであり、これに対して、ジョン・サイモンの主張は、国際スポーツ交流はあくまでスポーツ界の問題だと公言するよりほかにイギリス政府のとるべき道はない、とするものだった。サイモンは、ナチスによるスポーツの政治的利用の事実を知ったうえで、スポーツの政治的中立を訴えたということである。スポーツの政治的中立の主張は、情報に通じた者の戦術的な主張であり無知な者がする主張ではなかった。

ちなみに、イギリス・ドイツ対抗フットボール・マッチは、十二月四日にトッテナム・ホットスパー・クラブ所有のグラウンド、ホワイト・ハートレーンで開催され、ロンドン警視庁の物々しい警備のなかを六万人の群衆が詰めかける熱狂的な催しになった。心配されていたドイツ人観衆による暴動も起こらなかった。

2　シトリーンのパンフレット『ヒトラーの支配下に』

前節で見たように、シトリーンは全労スポーツ協会議長のハーバート・エルヴィンからの依頼を受けて、TUC総評議会の書記長として公式にベルリン・オリンピック反対運動に関わるようになった。そして、一九三五年末のイギリス・ドイツ対抗フットボール・マッチでの内相ジョン・サイモンとの交渉の過程で、ファシズム・スポーツに関する多くの情報を得て認識を深めていった。その後、彼は自身で作成したファシズム・スポーツに関するパンフレットを世に送った。ファシズム・スポーツの蛮行について暴露したこのパンフレットは、発行日が記載されてはいないものの、そこに引用してある新聞などの日付から三六年三月以降の早い時期に発行されたと確認できる。このパンフレットの発行によって、シトリーンはTUC総評議会書記長としての責任の一端を果たそうとしたのである。その正確な表題は『ヒトラーの支配下に――ナチ・ドイツのスポーツ独裁』[13]だ

図9　シトリーンが著したパンフレット『ヒトラーの支配下に――ナチ・ドイツのスポーツ独裁』の表紙
（出典：UNDER THE HEEL OF HITLER: The Dictatorship over Sport in Nazi Germany by Walter Citrine n.d.［MRC/MSS.292/808.91/3］）

った。

英語で三十一ページに及ぶこのパンフレットの発行の目的は、そのの末尾に書いてある。それは次のような記述だった。「この種の教育〔国民社会主義の理念を諸外国に理解させる宣伝活動：引用者注〕は、諸外国で実施されているナチの慣行や政策を賞賛する論説や発言に注意の目を向けさせる。それはまた容易ならぬ危険をあらわにする。その危険を摘発することがこのパンフレットの目的なのである――人間らしい活動のすべての領域で国際協力の原則を進展させることに関わりをもつ個人と組織は、意識せずにナチの暴虐行為に加担している代理機関、ならびにドイツ国外で自由と民主主義の土台を破壊することをいやいやながらも手伝っている代理機関を見いだすだろう(14)」。シトリーンのパンフレットの情報源はイギリス国内の新聞や雑誌の記事であり、また国内外の彼の友人知人からの口頭の情報だった。

このパンフレットをその論旨に基づいて区分すると、次のように整理できる。①ヨーロッパの労働者スポーツ組織とファシズムのスポーツ組織との違い（三―四ページ第一段落）、②帝国スポーツ長官のチャンマー・ウント・オステンの手中にあるスポーツ独裁権、ファシズム・スポーツの教義、ナチスによるドイツ・スポーツの政治的利用（四ページ第二段落―一四ページ第一段落）、③ベルリン・オリンピックに関する事実（一四ページ第二段落―二〇ページ第一段落）、④ベルリン・オリンピックに対する抗議（二〇ページ第二段落―二二ページ第一段落）、⑤ナチスによる学術・文化・芸術の支配の実態（二二ページ第二段落―三一ページ）。

シトリーンは、このパンフレットのなかで、ファシズム・スポーツの蛮行をできるかぎり事実をもとに告発することに努めている。しかも、彼は単にファシズム・スポーツを題材としてナチスの蛮行を告発したというのではなく、彼なりのスポーツ思想に基づいてファシズム・スポーツの蛮行を告発したのである。その論調は、イギリス・ドイツ対抗フットボール・マッチの中止を内相ジョン・サイモンに要望したときとまったく同じだった。そのことがよく表されている箇所を以下に引用しておく。

スポーツは、その語の正確な意味で、特にわが国で理解され実践されているように、完全に自発的な活動であり、外部からの干渉なしにそれの愛好のために興じられ、自発的に組織され、そしてフェアプレーやスポーツマンシップというそれ自体で自己展開する慣例

写真22　チャンマー・ウント・オステン：1887年10月25日生―1943年3月25日没。1938年に撮影
（出典：https://commons.wikimedia.org/wiki/File:Hans_von_Tschammer_und_Osten.jpg［2019年7月20日アクセス］）

に従っている。イギリスのスポーツマンは、その人の政治的見解が組織的競技に参加する資格を決定する、という観念を軽蔑して笑うだろう。彼らは、祖父がユダヤ人だからといって、そのプレーヤーをクラブやコンテストから排除することをひどくいやがる。彼らは、どのような陸上競技会でも人種的もしくは政治的なテストを課すことを嘲笑するだろう。そこでは、身体適性と技量だけが優位を決定するのである。ナチ・ドイツではスポーツのこれらすべての規範が汚されている。(15)

この文章に見るとおり、シトリーンの主張は、スポーツの政治からの自律に主眼があった。彼は、スポーツの自律性を保証することを原則として、その侵害の事実が認められたドイツとスポーツ交流をもつことに反対したのである。内相ジョン・サイモンがスポーツの政治的中立性を論拠にスポーツと政治を分離し、関わりを拒否したのとは異なる。シトリーンは、スポーツが政治によって侵害された場合に、それを解決するために政治的に介入すべきだと考えたのである。

3 国際フェアプレー委員会とシトリーン

シトリーンの国際フェアプレー委員会への関与の背景

本節では、引き続きウォルター・シトリーンのベルリン・オリンピック反対運動への関与について論じるが、特に国際的に展開されたフェアプレー運動への彼の関与を明らかにしていく。

ベルリン・オリンピック反対運動が世界各国で高まるなか、いち早くアメリカでアメリカ・フェアプレー委員会が設立され、そして一九三五年十二月六・七日にパリで招集された集会で国際フェアプレー委員会（オリンピック理念擁護国際委員会）が設立された[16]。アメリカ・フェアプレー委員会にしても国際フェアプレー委員会にしても、残された資料からその活動と関係者について一定程度は明らかになっているが[17]、どちらもその設立経緯の詳細はわかっておらず、それ自体が研究課題になっている。また、国際フェアプレー委員会が設立された直後に、イギリスでもイギリス・フェアプレー委員会が設立されたが、これについても詳しい経緯はわかっていない[18]。はっきりしていることは、国際フェアプレー委員会もアメリカとイギリスのフェアプレー委員会もともに、オリンピック憲章に表明された本来のオリンピックの理想を守るために、ベルリンからの大会開催地移転とベルリン大会ボイコットを求め、さらに対抗オリンピアードの組織化に取り組んだ組織だったということである。

正確な日付はわからないが、ベルリン・オリンピック開催を四カ月後に控えた一九三六年四月に国際フェアプレー委員会は、この会の活動への参加と援助を呼びかける手紙と六月六・七日にパリで開催される国際会議に参加してくれるよう依頼する手紙を、「オリンピック運動のすべての友人と支持者に向けて[19]」送付した。後者の手紙には、国際会議のイギリスを代表する呼びかけ人として、ウォルター・シトリーン、ロバート・モンド、イギリス・フェアプレー委員会書記のＦ・Ｅ・ワーナーの三人の署名があり、この手紙は五月十一日にイギリスの無党派反ナチ協議会の会議で配布された。[20]

そもそも、ウォルター・シトリーンが国際フェアプレー委員会の国際会議の呼びかけ人として署名したのは、同じ呼びかけ人に名を連ねているロバート・モンドからの依頼によるものだった。ウォーリック大学現代記録文書センターに収められた無署名の覚書には、「四月四日にロバート・モンド卿はウォルター・シトリーン卿に、オリンピック理念擁護に関する声明に署名するよう求めた[21]」とある。ロバート・モンドは実際に前年末の国際フェアプレー委員会の設立会議に立ち会っていて、そこでの話し合いやその後の議論を経て、シトリーンに国際会議の呼びかけ人を依頼してきたのである。彼とシトリーンは、国際連盟の活動でも行動をともにする旧知の間柄だった。[22]

国際フェアプレー委員会に関するW・スケヴネルスの書簡をめぐって

しかし、労働運動とは直接関係がない組織からの呼びかけに署名することはTUCの慣例にないことだったので、シトリーンは署名後に、ベルギー人の友人で国際労働組合連盟書記長のウォルター・スケヴネルスに、この委員会の性格について問い合わせている。シトリーンは当時は国際労働組合連盟議長であり、懸案の国際問題についてはつど書記長スケヴネルスと議論していたのである。これに対する五月二日付のスケヴネルスの返信には衝撃的な内容が記されていた。スケヴネルスの手紙によれば次のとおりだった。「私たちが六月六・七日にパリで開かれる会議に出席するようオリンピック理念擁護国際委員会から招待を受けていたことを、私は貴兄にお伝えするでしょう。貴兄のお名前は、委員会が一九三六年四月に発行した呼びかけ文書の署名者のなかにありますが、この委員会は多数の共産党の取り巻きによる別組織であると思われますので、この呼びかけが貴兄の承諾を得ているとは驚きです。ご承知だと思いますが、最終的な移転前の委員会本部（頻繁な住所変更はもう一つの共産党の慣例なのです）は、パリ・アラゴ大通り六五番地でした。この住所は、以前にミュンツェンベルクと彼の情報員のギバルティの住所であり、いまでもそうだろうと思われます。委員会がその住所を変更したのはこのためだったのでしょう(23)」と。

写真23　ウォルター・スケヴネルス：1894年11月11日生—1966年3月6日没。国際労働組合連盟ブリュッセル総会（1933年）の執行委員会の写真。左から2人目がウォルター・スケヴネルス、次いでウォルター・シトリーン
（出　典：https://warwick.ac.uk/services/library/mrc/explorefurther/digital/scw/more/iftu［2019年7月20日アクセス］）

　シトリーンはこの手紙を読んでかなり動揺した。国際フェアプレー委員会の活動への参加と援助を呼びかける手紙の差出人住所が、スケヴネルスが記すとおり、アラゴ大通り六五番地というのは事実だった。シトリーンの動揺は個人的なものではなく、ＴＵＣ総評議会自体が、一九三四年に「労働組合の責任ある役職から共産主義者を追放するように勧告した「追放者名簿」を回」すような、反共産主義的な指導組織だったためである(24)。

　シトリーンは、すぐさまＴＵＣ総評議会内で情報収集を進めさせるとともに、五月四日

付でロバート・モンドに手紙を書いて、ことの真相を問いただしている。モンド宛ての手紙には、「私はいまになって、この声明がオリンピック理念擁護国際委員会という名称の団体によって発せられたことを知りました。この団体は、強い疑念を抱かれているとおり共産党の組織です。（略）もしその組織が、その起源ないし活動で、共産主義のごくわずかな色合いでもとどめるのであれば、私の名前がその組織と結び付けられることを認めるわけにはいきません[25]」と記されている。これに対する五月五日付のモンドからシトリーン宛ての返信では、「しばらく前に私は反ナチ協議会から、国際フェアプレー委員会のパリ会議に出席するよう求められました。私は出席し、ヨーロッパ諸国やアメリカを代表する何十人もの若者に会い、そしてベルリンでのオリンピック大会をどのようにしたら阻止できるか、という問題について議論しました。メンバーの何人かはオリンピック大会の候補選手でしたし、ある団体によって共産主義の理念が示唆されたという話もまったく耳にしませんでした。（略）さらに調査するつもりです。私も貴兄と同じく、共産主義運動と関わり合いになることには反対です[26]」と事の子細を述べている。モンドからの返信の内容はシトリーンをある程度は納得させたようである。

とはいえ、シトリーンはこのモンドからの返信を待たずに、五月四日付でスケヴネルス宛てに手紙を書き送っていた。そこには、「彼〔モンド：引用者注〕が私にくれた手紙〔四月四日付でモンドがシトリーンに宛てた先の手紙ではないかと思われる：引用者注〕には、それが共産党系のものであるとする、ほんのわずかな証拠もありませんでしたし、その声明自体にも、共産党員がその背後にいると疑うわずかな証拠もありませんでした[27]」とあり、スケヴネルスの前述の情報をうのみにしてはいない。モンドを信用していたということだろう。

本書の視点から見てもモンドからシトリーン宛ての手紙には、非常に重要な事実が書かれている。つまりそれは、前年十二月七日にパリで開かれた国際フェアプレー委員会の設立会議に向けて、イギリスでは無党派反ナチ協議会がその協力組織になっていたことである。これに関して、五月五日付のＴＵＣ総評議会の部局間通信には、「「フェアプレー委員会」は最初アメリカで設立されました。（略）委員会の誠意を保証する大綱をウンターメイヤー氏から初めて受け取って以降、無党派反ナチ協議会がこの委員会の活動に協力しています」[28]と記されていて、この情報を信じるかぎり、イギリスでは無党派反ナチ協議会がアメリカ・フェアプレー委員会との協力関係を支えていたのである。この反ナチ協議会の設立経緯や活動についてはまだ定かでないが、きわめて重要な役割を負っていたことは確実である。英労スポーツ協会とともにベルリン・オリンピック反対運動を担う組織だった。

国際フェアプレー委員会に関するＴＵＣ独自の調査結果

シトリーンから情報収集を依頼されたＴＵＣ総評議会のＷ・Ｊ・ボールトンは、シトリーンにかなり詳細な調査結果を伝えている。ボールトンの部内通信は国際フェアプレー委員会の設立経緯に関わる重要な情報を含んでいるので、詳しく検討したい。彼の部内通信の概要は以下のとおりである。

アルマンド・シュリッセルマンは個人的にロバート・モンド卿から手紙を受け取りました。（略）ロバート卿は、この委員会〔国際フェアプレー委員会：引用者注〕の性格についての疑念が委員会の影響力を無効にするだろうと考えておられるので、問題をはっきりさせることを切に願っています。その組織はフェアプレー委員会の一部門であり、それは「オリンピック理念擁護国際委員会」と呼ばれています。彼は、その委員会に関する疑念がどこから出ているのか、確かめるよう私に強く要請していますし、また、その疑念がフランス労働総同盟か国際労働組合連盟から出ているのかどうか私に率直な質問をしてきています。（略）フェアプレー委員会が、アメリカのプロテスタント教会会長の一人であるG・G・バトルによってアメリカで始められたことは明らかです。バトル氏はブラノット氏に、パリやその他の国々で類似した組織を設立するよう求めていました。それが、ロバート卿が出席したこの委員会でした。私は、ブラノット氏とは誰なのか、とシュリッセルマン氏に尋ねました。シュリッセルマン氏は、個人的には彼について多くを知らないと語りました。(29)

以上の文面から、押さえておくべき事実を確認したい。まず第一に、ロバート・モンドもボールトンもともに交流があるアルマンド・シュリッセルマンに国際フェアプレー委員会の設立事情を尋ねていること、第二に、国際フェアプレー委員会はフェアプレー委員会と称するものの一部門であるとされていること、関連して第三に、アメリカ・フェアプレー委員会の立役者のG・G・バトルがブラノットに要請してパリで創立させたのが国際フェアプレー委員会だったこと、第四に、シュリッセルマンにもブラノットとはどのような人物なのか不明なこと、だった。

調べたかぎりでは、国際フェアプレー委員会の設立事情について記しているのはイギリスではこのボールトンの手紙だけである。したがって、ここに書かれた事柄は一つの重要な情報として受け取っておく必要があるだろう。文面からしてボールトンはシュリッセルマンからだけ情報を得ていたようだが、このシュリッセルマンなる人物は何者なのか。確認できることだけを示せば、彼はパリに亡命したドイツ人活動家であり、国際フェアプレー委員会パリ国際会議ではドイツのサービス・生産品ボイコット中央委員会代表として発言している人物だった。話を戻すが、シュリッセルマン自身もブラノットなる人物のことをよくは知っていない。このボールトンの手紙は、何重もの確認できない前提に基づく情報を提供していて、また亡命ドイツ人のシュリッセルマンからの情報だけから事実確認をしているようだが、そのくせかなり断定口調で述べているのは気になるところ

写真24　ジョージ・ゴードン・バトル：1868年10月26日生―1949年4月29日没。ニューヨーク市の弁護士。ニューヨーク市国防地方協議会の議長、世界平和への関心を喚起する教育広報委員会の書記などを務めた。撮影時は不詳
(出典：https://www.ncpedia.org/sites/default/files/images_bio/battle_george_gordon.jpg［2019年7月20日アクセス］)

である。以上の事実関係の確認は今後の課題である。

さらに、このボールトンの手紙に記された、国際フェアプレー委員会の性格に関する疑念が国際労働組合連盟から出ているのか、というモンドの質問の答えは、その問いのとおり国際労働組合連盟書記長のスケヴネルスから出ていたものだった。前述の現代記録文書センター所蔵の無署名の覚書によれば、国際労働組合連盟執行委員会会議（日時は不明）で、国際フェアプレー委員会との交渉を途絶させる決定が下された。スケヴネルスはフランスの同志を通じてこの情報を得ていたようだが、彼は、国際フェアプレー委員会は「共産主義的試みの別の面を代表している(30)」と断定し、この決定を導いたのだった。しかし、彼に宛てたシトリーンの前述の返信に対しては再度の返信をせず、以前の手紙以上の情報を与えていない。以上のような事情を考慮すれば、シトリーンはスケヴネルスの情報を完全には信用することができず、モンドやボールトンの情報をもとに、国際フェアプレー委員会がアメリカ・フェアプレー委員会の主導の下に設立されたと理解したのではないかと思われる。だが、六月六・七日にパリで開催された国際会議には、シトリーンは参加しなかった。

4　バルセロナ人民オリンピアードとシトリーン

本節では、ベルリン・オリンピックの開催地移転が不可能になった段階で、欧米各国その他の労働者スポーツ組織、フェアプレー委員会ならびに反ファシズムを表明する個人や団体が賛同した対抗オリンピアード、すなわちバルセロナ人民オリンピアードに向けてイギリスで進められた参加準備活動にウォルター・シトリーンがどのように関わったのか、について検討する。

パリで開かれた国際フェアプレー委員会の国際会議の翌々日（六月九日）に、英労スポーツ協会は会員に「通信」を送り、六月二十二日に会議を招集することを伝えている。この会議の目的は、「ドイツ政府による利己的な利用のために、ベルリン大会の結果として生じるだろうオリンピック理念の侵害を阻止する方策を議論すること(31)」だった。しかも、この会議では無から議論するのではなく、「最近パリで開催された国際フェアプレー会議に出席した代表からの報告を聞き、一九三六年七月二十二日から二十五日にかけて人民オリンピアードの開かれるバルセロナで競技するイギリス競技者の一大チームを送るための準備(32)」について検討することになっていた。

さらに、アンドレス・マルティン署名のバルセロナ人民オリンピアード組織委員会からの手紙が、六月十二日付でウォルター・シトリーンのもとへ送られてきた。この手紙の趣旨は、シトリーンに「人民オリンピアードに出席してくれるよう」求めるとともに、「支持と援助」を与えてくれるよう要望するものだった。また文面には、「千人以上のスポーツマンがフランスから参加し、百五十人がスイスから、六十人がベルギーから、百人以上がソ連から、そしてノルウェー、アルジェリア、パレスチナ、アメリカなどから代表団が参加する」と記され、さらに「われわれはイギリス労働者スポーツ協会とスポーツのフェアプレーのイギリス委員会と連絡をとっていて、（略）「人民オリンピアードのためのイギリス委員会」が現在設立され、書記はF・E・ワーナー氏、ロンドンNW3、ベルサイズ・グローブ、ジリング・コート七五番地(33)」と記されていた。

イギリスで人民オリンピアード参加について議論が進むなかで、英労スポーツ協会は六月十五日付の「通信」を出し、そのなかで、「イングランドは急いでチームを集めているので、すべての質問はロンドンSW1、スミス・スクウェア、運輸会館内のイギリス労働者スポーツ協会に問い合わすべきである。参加に欠かせないのはただ一つの条件だけである、つまり「真のスポーツ精神とファシズムに反対する誠実な意志[34]」」と説明していた。

以上の史料から、国際フェアプレー委員会のパリ国際会議が終了してほぼ一週間の間に、イギリスでは英労スポーツ協会を中心としてバルセロナ人民オリンピアードへの参加準備が急速に進められたことがわかる。人民オリンピアード組織委員会の行動も非常にすばやかった。イギリスでの実質的な母体は英労スポーツ協会だが、イギリス・フェアプレー委員会も協力していて、しかも人民オリンピアードのためのイギリス委員会が急遽設立され、その書記をイギリス・フェアプレー委員会書記のF・E・ワーナーが兼務していた。そして早くも、「バルセロナ人民オリンピアードのチームのための組織委員会」を差出人とした六月二十四日付の英労スポーツ協会の「通信」では、陸上競技で十人の候補選手の名を挙げて、テニス・チームと自転車競技チームも派遣することを告げていた[35]。

さて、シトリーン宛てに人民オリンピアード組織委員会から送られてきた手紙は、すぐにはシトリーンの手に渡らなかった。彼はそのとき、国際会議のためにジュネーブにいたのである。この手紙は彼の帰国後に彼の秘書から手渡された[36]。さらに、彼がジュネーブにいる間に、英労スポーツ協会書記の一人H・R・アンダーヒルから人民オリンピアードに関する署名を求める手紙が彼のもとに届けられていた。

シトリーンは帰国後の六月二十二日、バルセロナ人民オリンピアード組織委員会について、それがどのように組織され誰が中枢を担っているのか、アンダーヒルに手紙を書いて問いただしている。[37]国際フェアプレー委員会パリ国際会議の呼びかけのときもそうだったが、外部からの署名の依頼に対しては、TUC総評議会はきわめて慎重だった。要請を受けたアンダーヒルは即座に返信を送って、この件について説明している。「われわれが早くに知るかぎりでは、組織についてはカタロニア・スポーツ協会によって最初に討議されていて、そして組織はカタロニア政府の十分な支持を受けています。（略）社会主義労働者スポーツ・インターナショナルはそれ自身公式の役割を演じていませんが、社会主義労働者スポーツ・インターナショナルの管轄外にあるカタロニア・スポーツ協会は社会主義労働者スポーツ・インターナショナル構成組織が（人民オリンピアードに）参加する自由を与えています[38]」と。結局シトリーンは、国際フェアプレー委員会パリ国際会議のときと同様、バルセロナ人民オリンピアードに出席する意思はなかったようである。彼がこの人民オリンピアードについてどのような評価を下したのかは不明である。

バルセロナ人民オリンピアードは、参加者が増えたために、開始日を二十二日から十九日に早めて開始する手はずだったが、不幸にも開始日の前日十八日未明にスペイン保護領モロッコでスペイン内戦が勃発したために開催されることなく、幻のオリンピアードとなった。

5　国際労働運動の指導者としてのシトリーンの判断

本章で明らかにしてきたことをまとめるにあたって、あらためて留意すべきはウォルター・シトリーンの立場である。彼は、イギリスのベルリン・オリンピック反対運動やフェアプレー運動の中心になっていた英労スポーツ協会を庇護するTUCの責任者であり、また国際労働組合連盟議長として国際労働運動を先導する立場にあった。もともと社会主義労働者スポーツ・インターナショナルを国際的統括組織とする労働者スポーツ運動は国際労働運動の指導下にあったので、シトリーンは必然的に労働者スポーツ運動に関与しなければならないポストにあった。そして、一九三〇年代後半の国際労働運動は、ファシズムに反対し、その影響力が各国に及ぶのを阻止する闘いに専念していたので、シトリーンはまた、この反ファシズム運動の先頭に立っていた。彼は、一九三五年末にロンドンで開催されたイギリス・ドイツ対抗フットボール・マッチに臨んで、人種差別と人権侵害の蛮行を繰り返すナチスとの交流をイギリス政府が容認することになるような、そしてナチスの一団をイギリス国内に招き入れるような催しに断固反対して、イギリス内務省との交渉にあたった。

このときのTUC代表と内務省代表との懇談会の記録と前述のシトリーンのパンフレットから、シトリーンの考え方と内相サイモンの考え方の違いが見て取れる。つまり、シトリーンは、スポーツの自律性がナチによって侵害されているという現状認識をもとに、そうした政治問題化したスポーツ・イベントにイギリス政府が介入すべきだとしたのに対して、サイモンは、スポーツの政治的中立を論拠に、スポーツに政府が干渉すべきではないとしたのである。こうした両者の考え方の違いは、この時期ファシスト諸国の対外政策に危機感を強めていた勢力とファシスト諸国への融和政策を展開していた勢力との、政治的な見解の相違を背景にもつものであった。

ただし、シトリーンが指導する労働運動の外部から要請があった場合には、それが反ファシズム運動を進めるものであっても、彼はきわめて慎重に対応した。国際フェアプレー委員会パリ国際会議の呼びかけ人として署名したときも、バルセロナ人民オリンピアードへの賛同と支援を要請されたときもそうだったが、とにかくＴＵＣや国際労働組合連盟などの信頼が置ける人脈を使って複数に調査を依頼している。そこでの調査の中心は、それらの運動が共産主義者によって組織されたものでないか、また共産主義者の影響が及んでいないかどうかにあった。そして、そこに少しでも共産主義者の関与が認められたときには、シトリーンが関係することはなかった。とはいえ、国際労働組合連盟書記長のスケヴネルスがシトリーンに、国際フェアプレー委員会のパリ本部が亡命ドイツ共産党員のヴィリー・ミュンツェンベルクの住所と同じであると知らせてきたときに、彼はその情報をうのみにすることなく、国際フェアプレー委員会の設立会議にイギリスから参加していたロバート・モンドやＴＵＣ内の調査担当者の情報をもとに判断して、国際フェアプレー委員会を共産主義者が陰で操る組織であるとレッテルを貼ることはしなかった。

こうした彼の態度は、一方で反共イデオロギーにとらわれた消極的な面も見られるが、ナチスによるスポーツでの差別や人権侵害に反対し、スポーツの政治的利用を許さず、スポーツの自律性を擁護しようとした点では、慎重ではあるが積極的だったといえるだろう。

注

（1）イギリスのベルリン・オリンピック反対運動については本書第1章を、アントワープ労働者オリンピアードへのシトリーンの関与については、前掲の拙稿「ウォルター・シトリーンの対外交渉」を参照。

（2）Copy of Letter received from H.H.Elvin to Walter Citrine, 15th October 1935. 同封の文書は、Report of Meeting of the Executive Committee of National Workers' Sports Association was held on the 12th October 1935. ［University of Warwick. Modern Records Centre: MSS.292/808.91/1］

（3）Extract from Minutes of General Council of TUC, 22nd October 1935. ［MRC/MSS.292/808.91/1］

（4）Report of Meeting of the Executive Committee of National Workers' Sports Association was held on the 12th October 1935. ［MRC/MSS.292/808.91/1］

（5）Extract from Minutes of General Council of TUC, 18th December 1935. ［MRC/MSS.292/808.91/1］

（6）Letter from Walter Citrine to John Simon, 18th November 1935. ［MRC/MSS.292/808.91/2］

（7）Extract from Minutes of General Council of TUC, 27th November 1935. ［MRC/MSS.292/808.91/2］

（8）Letter from Walter Citrine to John Simon, 27th November 1935. ［MRC/MSS.292/808.91/2］

（9）Letter from John Simon to Walter Citrine, 29th November 1935. ［MRC/MSS.292/808.91/2］

(10) Notes of Deputation from Trades Union Congress to the Home Secretary, Monday, 2nd December 1935.［MRC/MSS.292/808.91/2］この懇談会には、内務省の代表としてジョン・サイモン（内相）、ジェフリー・ロイド（政務次官）、ラッセル・スコット、F・A・ニューサム（事務次官）、A・S・ハッチンソン（個人秘書）、コロネル・ドラモン（新ロンドン警視庁）、カーマイケル（新ロンドン警視庁）が出席し、TUCの代表として、ウォルター・シトリーン（書記長）、H・ベリー、J・ブロムリー（議長代理）、C・デュークス、E・エドワーズ、H・H・エルヴィン、W・ホームズ、J・マーチバンク、W・シャーウッド、G・トムソン、H・V・チューソン（書記補佐）が出席した。

(11) Ibid., pp. 2-9.

(12) Ibid., pp. 11-12.

(13) UNDER THE HEEL OF HITLER: The Dictatorship over Sport in Nazi Germany by Walter Citrine n.d.［MRC/MSS.292/808.91/3］

(14) Ibid., p. 31.

(15) Ibid., pp. 13-14.

(16) パリで唯一のドイツ人亡命者の日刊新聞「パリーザー・ターゲブラット」一九三五年十二月八日付二面に「「オリンピック理念擁護国際委員会」の設立」という見出しで以下の記事が掲載されている。「金曜日と土曜日にパリに招集されたフェアプレー委員会の会議は、以下の点を伝える。多くの国々でベルリンでの一九三六年オリンピック大会の開催に対する闘いを開始していて、非常に実り豊かな成果をもたらした。重要な成果として、会議が「オリンピック理念擁護国際委員会」の設立を決議したことが確認される。この委員会の指導部では、第二インターナショナル会長のヴァンデルヴェルデ、ジャスティン・ゴダール上院議員ならびにその他多くの著名な国際人と活動的なスポーツマンが代表を務めることになるだろう」（*Pariser Tageblatt*, Sonntag, 8. Dezember 1935, S. 2.）。これは重要な証拠になる資料である。ただし、一九三五年十二月当時ヴァンデルヴェルデは社会主義労働者インターナショナル会長であり、新聞記事の名称表記は誤りだ。さらに、同紙の十二月七日付の記事には「ニューヨークでペンシルヴァニア州知事ジョージ・リール、ニューヨーク市長ラガーディアおよびアメリカ・オリンピック委員会委員アルフレッド・レンの議長の下で、スポーツのフェアプレー委員会がベルリン・オリンピック大会の挙行に反対する抗議集会を開催した。ナチスが大会を重要な政治的要件として扱っていて、参加するアスリートがその影響を免れられないという確信のもとに、集会はベルリン・オリンピックへの公式の不参加を要求した」とある（*Pariser Tageblatt*, Sonnabend, Dezember 7, 1935, S. 3.）。これも重要な証拠資料である。おそらく国際フェアプレー委員会設立会議と同日の十二月六日にニューヨークでもアメリカ・フェアプレー委員会の集会が開催されていた。このアメリカ・フェアプレー委員会の集会はかなり影響力をもつものだったと思われる。議長にペンシルヴァニア州知事、ニューヨーク市長、アメリカ・オリンピック委員会委員が名を連ねていたからである。そして、パリとニューヨークでベルリン・オリンピックのボイコットを求めるフェアプレー委員会が同時に開かれたことは国際連帯を示す重要な出来事だったと言える。

（17）アメリカ・フェアプレー委員会の長文の声明と構成員を示した資料に、Preserve the Olympic Ideal: A Statement of the Case against American Participation in the Olympic Games at Berlin, n.d. [University of Cambridge, Churchill College, Churchill Archives Centre: NBKR/6/54/3]（日付なしだが、他の資料から一九三五年十一月十七日発行と推定される）があり、また国際フェアプレー委員会については、一九三六年六月六・七日に開催されたパリ国際会議の議事録である International Conference of Adversaries of the Hitler Olympiad and Friends of the Olympic Movement. Minutes,

June 6th and 7th 1936.［Peoples' History Museum: CP/ORG/MISK/6/5］と前記国際会議の呼びかけ人を記した資料（本章の注（19）の後者資料）がある。

（18）イギリス・フェアプレー委員会の活動ないしフェアプレー運動については、本書第1章第5節でも原典資料に基づいてある程度明らかにしているので参照してほしい。

（19）International Committee for Preserving the Olympic Idea, To All Friends and Supporters of the Olympic Movement, n.d.; International Committee for Preserving the Olympic Idea, Fair Play: To All Friends and Supporters of the Olympic Movement, April 1936.［MRC/MSS.292/808.91/1］

（20）注（19）の後者の資料の表紙の欄外に、「一九三六年五月十一日、月曜日に反ナチ協議会の会合で配布」と走り書きされている。

（21）An Outline about the Fair Play Movement in Britain, n.d.［MRC/MSS.292/808.91/1］

（22）ロバート・モンド、ウォルター・シトリーン、そしてノエル＝ベーカーは、ドイツのラインラント再占領に抗議して、一九三六年三月に「自由と平和の防衛のためのフォーカス」の宣言に署名している（Whittaker, *op.cit.*, p. 135.）。ちなみに、この宣言には第二次世界大戦時の首相ウィンストン・チャーチルも署名している。

（23）Letter from W. Schevenels to Walter M. Citrine on the International Conference for the Right of Asylum, 2nd May 1936.［MRC/MSS.292/808.91/1］

（24）ヘンリー・ペリング『イギリス労働組合運動史 新版』大前朔郎／大前真訳、東洋経済新報社、一九八二年、二三六ページ。イギリスでもヨーロッパの多くの国々と同様に、労働党・ＴＵＣの社会民主主義勢力と共産党との敵対関係は戦間期を通じて根強かった。しかし、イギリスの社会民主主義勢力が巨大だったのに対して共産党は弱小であり、その結果、共産党は労働党やＴＵＣに入り込んで内部から変えていく戦術を採った。また、共産党は学生・知識人や文化人に多数の支持者がいて、文化・思想面ではかなりの影響力があった。そのために、労働党やTUCにとって共産党は弱小ではあっても恐怖を与える存在であり、彼らは共産党を過剰に警戒したのである。

(25) Letter from Walter Citrine to Robert Mond, 4th May 1936. [MRC/MSS.292/808.91/1]
(26) Letter from Robert Mond to Walter Citrine, 5th May 1936. [MRC/MSS.292/808.91/1]
(27) Letter from Walter Citrine to W. Schevenels, 4th May 1936. [MRC/MSS.292/808.91/1]
(28) Trades Union Congress General Council, Inter-Departmental Correspondence, 5th May 1936. [MRC/MSS.292/808.91/1]
(29) Trades Union Congress General Council, Inter-Departmental Correspondence, 13th May 1936. [MRC/MSS.292/808.91/1] 引用文中のG・G・バトル、つまりジョージ・ゴードン・バトルは、アメリカ・フェアプレー委員会の共同議長の一人であり、どの教会に属するかは不明だが、前述のとおりプロテスタント教会の会長の一人だった。アメリカのプロテスタント教会は、バプテスト教会、メソジスト教会、ルーテル教会、長老派教会などのいくつもの教会から成り立ち、またそれぞれの教会が複数の教派に分かれていた。
(30) Letter from W. Schevenels to Walter M. Citrine on the International Conference for the Right of Asylum, 2nd May 1936. [MRC/MSS.292/808.91/1]
(31) British Workers' Sports Association, Press Information, 9th June 1936. [MRC/MSS.292/ 808.91/4]
(32) Ibid.
(33) Letter from Andres Martin to Walter Citrine, 12th June 1936. [MRC/MSS.292/ 808.91/4]
(34) British Workers' Sports Association, Press Information, 15th June 1936. [MRC/MSS.292/ 808.91/4]

（35）British Workers' Sports Association, Press Information, 24th June 1936. [MRC/MSS.292/ 808.91/4]
（36）Letter from Citrine's Private Secretary to Secretary of the Organising Committee of Barcelona People's Olympiad, 16th June 1936. [MRC/MSS.292/808.91/4]
（37）Letter from Walter Citrine to H. R. Underhill, 22nd June 1936. [MRC/MSS.292/808.91/4]
（38）Letter from H. R. Underhill to Walter Citrine, 24th June 1936. [MRC/MSS.292/808.91/4]

終章　イギリスのベルリン・オリンピック反対運動の思想と行動

イギリスのベルリン・オリンピック反対運動とバルセロナ人民オリンピアード

　ここまでイギリスのベルリン・オリンピック反対運動について詳細に検討してきたが、あらためてそれぞれの組織や人物が何を目的としてどのような行動を起こしたのか、について整理して本書の締めくくりとしたい。

　イギリスのベルリン・オリンピック反対運動を中心的に担っていた全労スポーツ協会がなぜベルリン・オリンピックに反対したのかは、その執行委員会決議案に見ることができる。「労働組合、労働者および社会主義者の政治組織、ならびに労働者スポーツ協会を抑圧するドイツ政府の反労働者的姿勢について考慮するとき、全国労働者スポーツ協会執行委員会はすべての労働者スポーツ協会とすべての労働者組織の個々の会員に対して、一九三六年ベルリン・オリンピアードをボイコットし、そこで競い合うことを、あるいはとにかく直接的にも間接的にも援助することを拒否するよう主張する」(1)。全労スポーツ協会の反対理由は明確であり、その国の政府が労働組合や労働者スポーツ協会を抑圧しているような都市でオリンピックを開催することを拒否するというものだった。

このような理由から全労スポーツ協会はイギリスのベルリン・オリンピック反対運動を進めたわけだが、この反対運動を担ったのは全労スポーツ協会だけではなかった。国際フェアプレー委員会に結集するイギリス・フェアプレー委員会もやはり重要な役割を果たしたのである。イギリス・フェアプレー委員会は、第1章で示したとおり設立の経緯や人脈について明確ではないが、ラグビー、フェンシング、ボクシング、英労スポーツ協会の代表を集めて組織されていた。すなわち、アメリカのプロテスタント協会会長ジョージ・ゴードン・バトルが中心になってまずアメリカ・フェアプレー委員会が設立される背景にはアメリカでの運動が起点として存在していた。すなわち、アメリカのプロテスタント協会会長ジョージ・ゴードン・バトルが中心になってまずアメリカ・フェアプレー委員会が設立され、続いてバトルがブラノット（経歴不明）にはたらきかけ、彼を中心に国際フェアプレー委員会が一九三五年十二月六・七日にパリで設立された。そして、国際フェアプレー委員会設立会議にイギリスを代表して参加していたロバート・モンド、F・E・ワーナーらを中心として、イギリス・フェアプレー委員会が設立されたのである。

全労スポーツ協会はイギリス・フェアプレー委員会とともに、ノエル＝ベーカーやシトリーンにさまざまな要請をおこなっていくことになる。そして、英労スポーツ協会は、開催都市をベルリンから移転することがかなわなくなった段階で、国際フェアプレー委員会パリ国際会議（一九三六年六月六・七日）に出席していたジェフリー・ジャクソン（クラリオンCCロンドン・ユニオン代表）と

F・E・ワーナー（イギリス・フェアプレー委員会書記）からの情報提供とバルセロナ人民オリンピアード組織委員会からの要請を受けて、バルセロナ人民オリンピアードへの開催協力と参加準備を進めていった。

バルセロナ人民オリンピアードは一九三六年七月十九日から二十六日までバルセロナで開催されることになっていたが、十八日未明のフランコ軍の蜂起によるスペイン内戦が勃発したことによって、未発に終わった。

「人民オリンピアードは、すべての人民と人種を兄弟のように団結させ、ベルリンに反対し、スポーツでのファシズムに反対し、人類の自由な文化的発展を求める偉大な示威である(2)」と人民オリンピアード組織委員会は伝えていた。対抗オリンピアードというやり方には賛否両論あったが、スペイン人民戦線政府の後援を得て、カタロニア政府代表も参加する人民オリンピアード組織委員会が組織したバルセロナ人民オリンピアードには、男女の労働者スポーツマン、労働者スポーツ組織の関係者が世界各国から参加することになっていたのである。イギリス代表チームは、十八人の男子陸上競技者と七人の女子陸上競技者、六人のローンテニス・プレーヤー、五人のサイクリスト、二人のスイマー、二人のチェス競技者、一人のボクサーの計四十一人の競技者の他に、四人のバグパイプ奏者、E・C・ハーディングとジェフリー・ジャクソンの随行者二人、マネージャーのジョージ・エルヴィンとマネージャー補佐のH・R・アンダーヒルを含む総勢四十九人で構成され、ドーバー海峡を渡った。イギリス代表チームは、開催前の数日間バルセロナの地で大会組織委員会が催したさまざまな行事に参加したが、前述のとおりスペイン内戦が勃発して帰国することになった。

ノエル＝ベーカーのオリンピック憲章擁護の闘い

ノエル＝ベーカーは一九三三年五月にジュネーブでの国際連盟の活動中に、平和・軍縮運動の関係者から三六年オリンピック開催地をベルリンから移転することはできないかという要請を受けて、イギリス・オリンピック協会の同僚エヴァン・ハンターに宛てて、ベルリン開催を問題視する手紙を送った。ノエル＝ベーカーが送った手紙の内容は、ドイツの「ナショナル・チームからユダヤ人を組織的に排除するのであれば、ユダヤ人は大会に参加することを事実上妨げられる」ことは必至だから、「大会は他のところで開催されなければならないといま結論を下すことが可能なのか[3]」と問うものであった。

ハンターは、ノエル＝ベーカーの手紙の写しをイギリス・オリンピック協会議長でIOC委員でもあるアバーデアに送って、一九三三年六月開催予定のIOC総会で三六年オリンピック開催地移転の問題を議題にするよう依頼するとともに、そのことをノエル＝ベーカーへの返信で知らせた。しかし、IOC総会では三六年オリンピックのベルリン開催は揺るがず、冬季大会もガルミッシュ・パルテンキルヒェン（オーストリア国境近くのバイエルン州の都市）での開催に決定された。

一九三五年九月にノエル＝ベーカーは、今度はベルリン開催に反対の立場を固めて、イギリス・オリンピック協会の実質的な先導者であるハロルド・エイブラハムズに宛てて手紙を書き、「来年ベルリンでオリンピック大会が開催されることに反対して進められている扇動」を援助する意向だが、こうした扇動に勝算があるのかどうか意見を聞いている。[4] エイブラハムズの返信では、「情勢全体を再考するようイギリス・オリンピック協会に求めることが妥当であると思っていますので、問題の全体にわたって話し合うために、すぐにでもノエル・カーチス゠ベネット、アバーデアおよびバーレイと会いたいと思っています[5]」と回答するとともに、もっと早くにベルリンからオリンピック開催地を移転しようという声が上がっていれば、またエイブラハムズ自身もそうしていれば、情勢は変わっていたかもしれないと付け加えていた。

結局はイギリス・オリンピック協会内での議論もIOC決定に従ってベルリン開催で動かず、ノエル゠ベーカーが賛同して援助していたベルリン・オリンピック反対の「扇動」も成果を上げる可能性が途絶えた。そうしたなかでもノエル゠ベーカーはイギリス・オリンピック協会の同僚E・A・モンタギューと協力して、「マンチェスター・ガーディアン」の紙面を使って、イギリス国民に向けてベルリン・オリンピックの問題点を指摘し、どうしてベルリン・オリンピックをボイコットしなければならないのかを説明していく。彼ら二人にとってベルリン・オリンピックは、すべての人種とすべての国民の無条件の平等という根本原則を謳ったオリンピック憲章に違反するものであり、しかも一九三三年と三四年のIOC総会でのドイツ代表の回答を反故にするものだったから、ベルリン開催は断じて許せなかったのである。

その後も、一九三五年十二月七日の「マンチェスター・ガーディアン」に掲載されたノエル゠ベーカーの投書に共感したイギリス・フェアプレー委員会書記F・E・ワーナーから手紙を受け取り、彼の要請に応じるなかで、ノエル゠ベーカーは英労スポーツ協会とイギリス・フェアプレー委員会が主導するベルリン・オリンピック反対運動と関わりをもっていくことになる。ノエル゠ベーカーはワーナーの手紙を受け取る前に、ベルリン・オリンピックに反対する英労スポーツ協会の運動については知っていたようだが、実際の関わりはワーナーの手紙を受け取ってからだった。しかし、ノエル＝ベーカーはイギリス・フェアプレー委員会の運動の趣旨には賛成したが行動はともにしなかったようである。ノエル＝ベーカーにとって重要なことはオリンピック憲章の精神に即してオリンピック運動を前進させることだったから、人民オリンピアード組織委員会が主催し、国際フェアプレー委員会が賛同したバルセロナ人民オリンピアードのような対抗オリンピアードの開催にはむしろ反対だったのである。

ウォルター・シトリーンのナチ・スポーツ独裁批判

一九三五年十月十二日に全労スポーツ協会執行委員会は、「オリンピアードのボイコットが国際的にも国内的にも組織されるよう求めること」を決議し、全労スポーツ協会議長ハーバート・エルヴィンがTUC総評議会書記長ウォルター・シトリーンに手紙を送って行動をともにしてくれるように要請した。(6)TUC総評議会は素早い対応をみせ、十月二十二日の会議で全労スポーツ協会の提案に合意した。これによって、シトリーンはベルリン・オリンピック反対運動に深く関わっていくことになる。ちなみに、シトリーンとハーバート・エルヴィンは旧知の仲で、ハーバート・エルヴィンは三八年にTUC会長にもなった人物である。

十一月に入るとイギリス・ドイツ対抗フットボール・マッチの開催をめぐって、シトリーンの行動も慌ただしさを増す。シトリーンは十一月十八日付の手紙で内務大臣ジョン・サイモンに「計画されているフットボール・マッチを、そしてドイツからのナチ大派遣団のロンドンへの訪問を中止させる」よう要請した。さらに、TUC総評議会はサイモンら内務省と面会することを要望し、十二月二日に両者の懇談会が実現する。

懇談会の議論でシトリーンは、ドイツのスポーツ組織がナチスによって解体されたこと、ユダヤ人がドイツ国内でスポーツをする自由や権利を奪われていることを強調し、ドイツ国内のスポーツ差別の現状を政治問題として告発した。そして、来るイギリス・ドイツ対抗フットボール・マッチはナチスによるスポーツの政治的利用であるとして中止させるよう要請した。これに対してサイモン内相は、イギリスとイタリアの対抗戦やドイツとフランスの対抗戦がすでにおこなわれていて、二国間スポーツ交流はあくまでスポーツ界の私的な催しであること、そのため、イギリス政府の最善の策は、こうした催しが非政治的なものであることを国内外に示すことである、と応えたのであった。

シトリーンは、このイギリス・ドイツ対抗フットボール・マッチでのサイモンとの論戦やさまざまな情報収集の結果、彼自身のスポーツ思想に基づいて、ファシズム・スポーツの蛮行をできるかぎり事実をもとに告発することを目的とした『ヒトラーの支配下に』と題する三十一ページに及ぶパンフレットを公表した。シトリーンは、スポーツを「完全に自発的な活動であり、外部からの干渉なしにそれの愛好のために興じられ、自発的に組織され、そしてフェアプレーやスポーツマンシップというそれ自体で自己展開する」(7)活動なのだと考えていたので、ナチスによるスポーツの政治的利用は彼のスポーツ思想とは相いれないものだった。

その後、国際フェアプレー委員会設立会議にイギリスを代表して参加していたロバート・モンドはウォルター・シトリーンに対して、一九三六年六月六・七日に開催が予定されている国際フェアプレー委員会国際会議の呼びかけ人として署名してくれるように要請し、これをシトリーンは受諾している。シトリーンもモンドも三六年三月の「自由と平和の防衛のためのフォーカス」に署名していて、国際連盟の活動での顔なじみの関係にあった。国際フェアプレー委員会国際会議へのイギリスを代表する呼びかけ人としては、モンド、シトリーンの他に前述のF・E・ワーナーが署名していた。

シトリーンは当時、TUC総評議会書記長であるとともに国際労働組合連盟議長でもあり、国際的な労働運動の責任者だったから、旧知のモンドの要請で国際フェアプレー委員会国際会議の呼びかけ人に名を連ねたものの、より慎重を期するために、国際労働組合連盟書記長のウォルター・スケヴネルスにも国際フェアプレー委員会に関する情報提供を求めた。スケヴネルスからの返信で、国際フェアプレー委員会本部の移転前の住所が亡命ドイツ共産党員ヴィリ・ミュンツェンベルクの住所と同じだと知らされて動揺し、TUC総評議会のW・J・ボールトンにさらなる調査を依頼するとともに、モンドにもその事実を知らせている。

ボールトンもモンドも共通の知人であるパリに亡命したドイツ人活動家のアルマンド・シュリッセルマンに問い合わせて、その結果が前述のとおり、国際フェアプレー委員会はアメリカ・フェアプレー委員会の代表たちのイニシアティブで創設されたものであり、共産主義者の別組織だという疑念は国際労働組合連盟から発していて、信憑性に欠けるものであることをシトリーンに知らせた。

その結果、シトリーンは国際会議への出席はしなかったものの、署名を取り消すことはなかった。また、バルセロナ人民オリンピアード組織委員会のアンドレス・マルティンからシトリーンに対して、人民オリンピアードに出席してほしいという要請があったが、彼はそれにも出席することはなかった。

それぞれの立場での異なる選択

全労スポーツ協会はイギリス労働者のためのスポーツ運動組織だったから、ドイツの労働組合、労働者、社会主義者の政治組織、ならびに労働者スポーツ組織を抑圧するドイツ政府のもとで開催されるベルリン・オリンピックを阻止し、それがかなわないと判断したときにバルセロナ人民オリンピアード開催に協力し参加することにまったく矛盾はなかった。

ウォルター・シトリーンはTUC総評議会書記長として全労スポーツ協会を庇護する立場にあったから、ドイツのスポーツ組織がナチスによって解体され、ユダヤ人がドイツ国内でスポーツをする自由や権利を奪われている事態を重視して、やはりベルリンでのオリンピック大会開催に反対した。ただし、国際的な労働運動の責任者として、国際フェアプレー委員会やバルセロナ人民オリンピアードを組織する運動への参加は慎重に避けた。

しかし、ノエル＝ベーカーの立場は全労スポーツ協会やそれを庇護するTUC総評議会の立場とは異なっていた。彼が最も重視したのは、オリンピック憲章の諸原則に基づいてオリンピック運動を前進させることだった。彼は労働党執行委員として、また平和・軍縮運動の闘士として行動する場面が多かったにもかかわらず、ベルリン・オリンピックに対しては原則的にイギリス・オリンピック協会の役員として行動するように自重していた。最終的に、ベルリン・オリンピックは、すべての人種とすべての国民の無条件の平等という根本原則を謳ったオリンピック憲章に違反するものと判断して、ベルリンからの開催地移転、それが不可能となったときにやむなくベルリン大会をボイコットするという結論に至ったのである。もちろん、こうした判断を下した背景には、国際連盟の活動などで懇意になった世界各国の活動家、そしてユダヤ人活動家の要望、情報があったことは繰り返すまでもない。

何があってもノエル゠ベーカーはオリンピック運動を離れることはしなかった。大会開催地をベルリンから移転するはたらきかけはしても、ベルリン・オリンピックに対抗するバルセロナ人民オリンピアードに協力することは考えられないことだった。しかも、ベルリン・オリンピック開催まで一年を切った一九三五年末という時期に、ＩＯＣ総会で決定された計画を覆すことは不可能だと判断した。それでもノエル゠ベーカーは当時としてはできるかぎりのことをしたのである。

二〇一九年現在もノエル゠ベーカーが苦悩の決断をしたときと状況はほとんど変わっていない。オリンピック大会開催地を決定することはＩＯＣの専管事項であって、外部からその決定を変更させることは不可能である。まさに、この点で当時のノエル゠ベーカーは行き詰まった。

では、どうしたらいいのか。オリンピック憲章もしくは付帯細則に以下のような条文を位置づける必要があるのではないか。任意団体が、開催都市、当該国家、オリンピック・パラリンピック組織委員会の活動がオリンピック憲章の諸条項に違反していると判断し、相当数の署名、例えば十万筆を集めてＩＯＣに是正勧告文書を提出したときには、ＩＯＣはその是正勧告に従って速やかに当該機関に是正を求め、その提案内容が満たされないときには開催地を変更しなければならないと。つまりは、一般市民の声をＩＯＣ内の議論に反映させる仕組みを作らなければならないということである。

同時に、ＩＯＣ自体の改革も要請していく必要がある。第一に、多額の放映権料を受領する見返りとして、アメリカの放送局ＮＢＣの意向に沿って大会開催時期を決定するような仕組みを改めるべきだ。第二に、「開催都市契約」に開催都市や組織委員会で損失が出た場合にＩＯＣは一切の補償をおこなわない条項を定めているが、関係者全体で責任を負うように改めるべきだ。さらに、ＩＯＣの基準として陸上競技と開閉会式をおこなう競技会場に六万席以上を設けること、各国際競技団体の競技会場規定に従うこと、オリンピック選手村に一万六千人分以上の宿泊施設を設けること、などを義務づけているが、これでは大会規模が巨大化し、施設整備費が巨額になることは必至で、ＩＯＣがいう持続可能な大会運営とはならないだろう。ＩＯＣは、大会経費の思い切った縮減を実現するために、これまでの慣例や規定を改める必要がある。

以上のような対案はノエル＝ベーカーの要求するところではないかもしれない。しかし、英労スポーツ協会やイギリス・フェアプレー委員会の運動も、こうした是正勧告の仕組みがあれば、それを活用する戦術を模索する選択肢もあっただろう。オリンピック運動をＩＯＣと各国オリンピック委員会が進める運動だと理解し、傍観し続けているならば、現代のオリンピック運動につきまとう負の側面は解決できない。(8) オリンピック運動をオリンピックの根本原則に即して市民本位に是正する道を模索することが、ノエル＝ベーカーの意思を現代に引き継ぐことになるのではないだろうか。

注

（1）Minutes of National Workers' Sports Association Sub-Committee Meeting, 8th May 1935.［Peoples' History Museum: CP/ORG/MISC/5/7］

（2）Organisation Committee, Olympiada Popular de Barcelona. Press Service (English Edition), No.5, 8th June 1936.［University of Warwick Library. Modern Record Centre: MSS.292/808.91/4］

（3）Letter from Philip NoelBaker to Evan A. Hunter, May 22nd, 1933.［The University of Cambridge. Churchill College. Churchill Archives Centre: NBKR/6/15/2］

（4）Letter from Philip NoelBaker to Harold Abrahams, September 24th, 1935.［CAC/NBKR/6/54/1］

（5）Letter from Harold Abrahams to Philip NoelBaker, September 25th, 1935.［CAC/NBKR/6/54/1］

（6）Copy of Letter received from H.H.Elvin to Walter Citrine, 15th October 1935. ハーバート・エルヴィンからの手紙には全労スポーツ協会執行委員会の報告が同封されていた。Report of Meeting of the Executive Committee of National Workers' Sports Association was held on the 12th October 1935.［University of Warwick. Modern Records Centre: MSS.292/808.91/1］

（7）UNDER THE HEEL OF HITLER: The Dictatorship over Sport in Nazi Germany by Walter Citrine n.d..［MRC/MSS.292/808.91/3］

（8）ジュールズ・ボイコフは前掲『オリンピック秘史』の第六章「改革への提言」で、以下の六つの提案をしている。第一は、ＩＯＣは膨らむばかりの開催費用を統制すること、第二は、ＩＯＣは複数の都市、さらには複数の隣り合う国からなる開催地に立候補を促すこと、第三は、ＩＯＣ自体がもっと民主的な組織になるよう努力すること、第四は、ＩＯＣは開催地決定の際の投票者の記録を公表すること、第五は、ＩＯＣは競技プログラムの民主化に動くこと、第六は、ＩＯＣはオリンピック憲章の高尚な原則に従って開催地を選定すべきこと、である。さらに、膨らむばかりの開催費用を統制するために、ＩＯＣ評価委員会に提言するための専門家からなる独立委員団を設置し、またその作業に住民が関与することも求めている。オリンピック運動関係者はボイコフの提言を真剣に受け止めて改革を進めるべきだろう。

また実際に、二〇二〇年東京オリンピック・パラリンピックに向けて「２０２０オリンピック・パラリンピックを考える都民の会」は、ＩＯＣ調整委員会へ要望書を提出するとともに、東京都知事と大会組織委員会会長宛てに「オリンピック競技施設の整備と開催時期の変更に関する要望書」を提出し、二〇一四年十二月にＩＯＣ臨時総会で採択された「アジェンダ2020」を重視して、国立競技場は改修を基本とすること、駒沢オリンピック公園などの既存施設を活用すること、競技施設建設のために都民のスポーツ機会が奪われることがないよう代替施設を準備すること、出場選手や観客の熱中症対策として日程や競技開催地を変更することなどを求めてきた。文部科学大臣、スポーツ庁長官、日本スポーツ振興センター理事長に対しても、「アジェンダ2020」にのっとった簡素で国民負担が少ない計画に改めるよう要請してきた。こうした活動はきわめて重要だと考える。詳細についてはウェブサイト（https://www.facebook.com/tominnokai）［二〇一九年十月十日アクセス］を参照のこと。

主要参考文献

《史料》

British Olympic Association（London）：

non-classification（二〇一〇年に University of East London Archives（London）: GB 2381 BOA. British Olympic Association archive collection に移管。）

Manchester Central Library. Local Studies Unit（Manchester）：

061/i/2

People's History Museum（Manchester）：

CP/ORG/MISC/5/7　British Workers Sports Federation. Minute book 1933 with notes on BWSF boxing tournament 12.5.33, some loose minutes 1935. 1933-1935

CP/ORG/MISC/6/5　British Workers Sports Federation. Circulars and printed materials of non-BWSF organisations. 1930s

University of Cambridge. Churchill College. Churchill Archives Centre（Cambridge）：

NBKR/6/15/2　Olympics and sport in general. 1925–1948

NBKR/6/54/1, 2, 3　Sport and the Parliamentary Sports Committee. 1924–1982（Sport material dated 1924; 1935-36; 1982 and Parliamentary Sports Committee dated 1959-68.）

University of Warwick, Modern Records Centre（Coventry）：

MSS.292/808.91/1　Boycott of Berlin Olympic Games, 1935-1936

MSS.292/808.91/2　Anglo-German Football Match, 1935

MSS.292/808.91/3　Sports Pamphlet, 1935

MSS.292/808.91/4　1936 People's Olympiad, Barcelona, 1936

《新聞、通信、雑誌》

Daily Worker
Internationale Sportrundschau: Zeitschrift für Theorie und Praxis der Körperkultur
Manchester Guardian／*Guardian*
Labour
Pariser Tageblatt
The Times
World Sports

《研究書・論文》

〈洋書〉

Allen Guttman, *The Games Must Go On: Avery Brundage and the Olympic Movement*, Columbia University Press, 1984.

Allen Guttmann, "The 'Nazi Olympics' and the American Boycott Controversy", in Pierre Arnaud and James Riordan eds., *Sport and International Politics: The Impact of Facism and Communism on Sport*, E & FN Spon, 1998, pp. 31-50.

Allen Guttman, *The Olympics: A History of the Modern Games*, 2nd ed., University of Illinois Press, 2002.

Barrie Houlihan and Iain Lindsey, *Sport Policy in Britain*, Routledge, 2012.

Brian Stoddart, "Sport, Cultural Politics and International Relations: England versus Germany, 1935", in Norbert Müller and Joachim K. Rühl eds., *Sport History: Olympic Scientific Congress*, Schors, 1985, pp. 385-411.

Christopher R. Hill, *Olympic Politics: Athens to Atlanta*, 2nd ed., Manchester University Press, 1996.

Christopher Hilton, *Hitler's Olympics: The 1936 Berlin Olympic Games*, History Press Ltd, 2008.

David Clay Large, *Nazi Games: The Olympics of 1936*, W. W. Norton & Company, 2007.（デイヴィッド・クレイ・ラージ『ベルリン・オリンピック1936——ナチの競技』高儀進訳、白水社、二〇〇八年）

David J. Whittaker, *Fighter for Peace: Philip Noel-Baker 1889-1982*, William Sessions Limited, 1989.

Derek Birley, *Playing the Game: Sport and British Society, 1914-45*, Manchester University Press, 1996.

Don Anthony compiled, *Man of Sport, Man of Peace: Collected Speeches and Essays of Philip NoelBaker, Olympic Statesman 1889-1982*, Sports Editions Limited, 1992.

Donald S. Birn, *The League of Nations Union, 19181945*, Clarendon Press, 1981.

Duff Hart-Davis, *Hitler's Games: The 1936 Olympics*, Harper & Row, 1986.（ダフ・ハート・デイヴィス『ヒトラーへの聖火——ベルリン・オリンピック』岸本完司訳〔シリーズ・ザ・スポーツノンフィクション〕、東京書籍、一九八八年）

Edward S. Shapiro, "The World Labor Athletic Carnival of 1936: An American Anti-Nazi Protest", *American Jewish History*, Vol. LXXIV, No.3, 1985, pp. 255-273.

Moshe Gottlieb, "The American Controversy Over the Olympic Games", *American Jewish Historical Quarterly*, Vol.61, No.3, 1972, pp. 181-213.

Guy Walters, *Berlin Games: How the Nazis Stole the Olympic Dream*, John Murray Publishers, 2006.

James Stout, *The Popular Front and the Barcelona 1936 Popular Olympics: Playing as if the World Was Watching*, palgrave macmillan, 2020.

Jeremy Crump, "Athletics", in Tony Mason ed., *Sport in Britain: a social history*, Cambridge University Press, 1989, pp.4477.

Jules Boykoff, *Power Games: A Political History of the Olympics*, Verso, 2016.（ジュールズ・ボイコフ『オリンピック秘史——１２０年の覇権と利権』中島由華訳、早川書房、二〇一八年）

Karl Heinz Jahnke, *Gegen den Mißbrauch der olympischen Idee 1936: Sportler im antifaschistischen Widerstand*,

Röderberg-Verlag, 1972.

Kevin Jefferys, *Sport and Politics in Modern Britain: The Road to 2012,* Palgrave macmillan, 2012.

Martin Polley, "The Foreign Office and International Sport, 1918-1948", unpublished Ph. D. thesis, St. David's University College, University of wales, 1991.

Martin Polley, "The British Government and the Olympic Games in the 1930s", *The Sports Historian,* No.17(1), 1997, pp. 30-40.

Peter J. Beck, *Scoring for Britain: International Football and International Politics, 1900-1939,* Frank Cass, 1999.

Peter J. Beck, "Confronting George Orwell: Philip Noel-Baker on International Sport, Particulary the Olympic Movement as Peacemaker", in J. A. Mangan ed., *Militarism, Sport, Europe: War without Weapons,* Frank Cass, 2003, pp. 187-207.

Richard D. Mandell, *The Nazi Olympics,* University of Illinois Press, 1971.（リチャード・マンデル『ナチ・オリンピック』田島直人訳、ベースボール・マガジン社、一九七六年）

Richard Holt, "Sport and History: The State of the Subject in Britain", *Twentieth Century British History,* Vol.7, No.2, 1996, pp. 231-252.

Richard Holt, "The Foreign Office and the Football Association: British Sport and Appeasement, 1935-1938", in Pierre Arnaud and James Riordan eds., *Sport and International Politics: The Impact of Facism and Communism on Sport,* E & FN Spon, 1998, pp. 51-66.

Stephen R. Wenn, "A Tale of Two Diplomats: George S. Messersmith and Charles H. Sherrill on Proposed American Participation in the 1936 Olympics", *Journal of Sport History,* Vol.16, No.1, 1989, pp. 27-43.

Stephen R. Wenn, "A Suitable Policy of Neutrality? FDR and the Question of American Participation in the 1936 Olympics", *International Journal of the History of Sport,* Vol.8, No.3, 1991, pp. 319-335.

Stephen R. Wenn, "Death−knell for the amateur athletic union: Avery Brundage, Jeremiah Mahoney, and the 1935 aau convention", *The International Journal of the History of Sport,* Vol.13, No.3, 1996, pp. 261-289.

Stephen G. Jones, “Die Britische Arbeitersport Föderation 1923-1935”, in Arnd Krüger and James Riordan Hrsg., *Der internationale Arbeitersport. Der Schlüssel zum Arbeitersport in 10 Ländern*, Pahl-Rugenstein, 1985.（スティーブン・ジョーンズ「イギリス労働者スポーツ連盟——一九二三—一九三五年」青沼裕之訳、クリューガー／リオーダン編『論集国際労働者スポーツ』所収、上野卓郎編訳、民衆社、一九八八年、一四八—一六六ページ）

Stephen G. Jones, *Workers at Play: A Social and Economic History of Leisure, 1918-1939*, Routledge, 1986.

Stephen G. Jones, *Sport, Politics and the Working Class: Organised Labour and Sport in Inter-War Britain*, Manchester University Press, 1988.

Tom Caraccioli and Jerry Caraccioli, *Boycott: Stolen Dreams of the 1980 Moscow Olympic Games*, New Chapter Press, 2008.

Xavier Pujades Martí et Carles Santacana i Torres, *L’altra olimpíada, Barcelona’36: esport, societat i política a Catalunya*（*1900-1936*）, Llibres de L’Índex, 2006.［カタロニア語文献、未見］

〈和書〉

青沼裕之「オリンピック大会を自然死させよ！——戦前二つのオリンピックをめぐるイギリス協調外交」、有賀郁敏／池田恵子／小石原美保／福田宏／松井良明／切刀俊雄／真田久／石井昌幸／青沼裕之／山下高行著『スポーツ』（「近代ヨーロッパの探究」第八巻）所収、ミネルヴァ書房、二〇〇二年、三一九—三六一ページ

青沼裕之「イギリス協調外交と東京オリンピック——「自然死」を待つ帝国」、坂上康博／高岡裕之編著『幻の東京オリンピックとその時代——戦時期のスポーツ・都市・身体』所収、青弓社、二〇〇九年、六八—九三ページ

青沼裕之「ウォルター・シトリーンの対外交渉——アントウェルペン労働者オリンピアードに向けて」、大熊廣明／真田久／榊原浩晃／齋藤健司編、阿部生雄監修『体育・スポーツの近現代——歴史からの問いかけ』所収、不昧堂出版、二〇一一年、四四—五九ページ

青沼裕之『イギリス労働者スポーツ運動史——一九二三—五八年』青弓社、二〇一九年

A・J・P・テイラー『イギリス現代史——1914－1945 新装版』第二巻、都築忠七訳、みすず書房、一九八七年

池井優『オリンピックの政治学』（丸善ライブラリー）、丸善、一九九二年

岩見良太郎／遠藤哲人『豊洲新市場・オリンピック村開発の「不都合な真実」――東京都政が見えなくしているもの』自治体研究社、二〇一七年
上野卓郎「1936年バルセロナ人民オリンピアードをめぐる歴史像――報告要旨」、一橋大学スポーツ科学研究室編「一橋大学スポーツ研究」第二十二巻、一橋大学スポーツ科学研究室、二〇〇三年、五七―六〇ページ
上野卓郎「1936年バルセロナ人民オリンピック――『国際スポーツ評論』1936年巻とチェコ紙誌からみた」、一橋大学一橋学会一橋論叢編集所編「一橋論叢」第百二巻第三号、日本評論社、一九八九年、三一四―三三六ページ
上野卓郎「一九三〇年代二つのスポーツインターナショナル関係史」「一橋大学研究年報 社会学研究」Ⅰ・Ⅱ・Ⅲ、第三十七・三十九・四十巻、一橋大学、一九九九・二〇〇一・二〇〇二年、八九―二〇七、三一―九八、一四五―一七九ページ
小笠原博毅／山本敦久『やっぱりいらない東京オリンピック』（岩波ブックレット）、岩波書店、二〇一九年
川本信正『スポーツ賛歌――平和な世界をめざして』（岩波ジュニア新書）、岩波書店、一九八一年
鎌田忠良『日章旗とマラソン――ベルリン・オリンピックの孫基禎』（講談社文庫）、講談社、一九八八年
川成洋『幻のオリンピック』（ちくまプリマーブックス）、筑摩書房、一九九二年
清川正二『スポーツと政治――オリンピックとボイコット問題の視点』ベースボール・マガジン社、一九八七年
草森紳一『文化の利用』（「絶対の宣伝 ナチス・プロパガンダ」第四巻）、文遊社、二〇一七年
切刀俊雄「〈研究ノート〉ベルリン・オリンピック反対運動――人民戦線とスポーツ運動」、学校体育研究同志会編「運動文化研究」第四号、学校体育研究同志会、一九八六年、三八―四三ページ
切刀俊雄「補論Ⅰ チェコスロヴァキア労働者スポーツ運動」、クリューガー／リオーダン編『論集国際労働者スポーツ』所収、上野卓郎編訳、民衆社、一九八八年、二八七―三〇四ページ
切刀俊雄「チェコスロヴァキア人民スポーツ運動における「スポーツ・フォア・オール」のスローガン」、成田十次郎先生退官記念会編『体育・スポーツ史研究の展望――国際的成果と課題 成田十次郎先生退官記念論文集』所収、不昧堂出版、一九九六年、三五一―三六八ページ
坂上康博『スポーツと政治』（日本史リブレット）、山川出版社、二〇〇一年

ジョージ・オーウェル『カタロニア讃歌』都築忠七訳（岩波文庫）、岩波書店、一九九二年
鈴木明『「東京、遂に勝てり」1936年ベルリン至急電』（小学館ライブラリー）、小学館、一九九七年
デーヴィッド・ロング／ピーター・ウィルソン編著『危機の20年と思想家たち——戦間期理想主義の再評価』宮本盛太郎／関静雄監訳（Minerva人文・社会科学叢書）、ミネルヴァ書房、二〇〇二年
寺島善一「ユネスコと体育スポーツ——フィリップ・ノエル・ベーカー卿の貢献を中心として」、国民スポーツ研究所編「体育・スポーツ評論」第三号、国民スポーツ研究所、一九八八年
寺島善一「ドナルド・アントニー博士講演要旨」、明治大学国際交流センター編「学術国際交流参考資料集 オリンピックムーブメント一〇〇周年」第二百十五巻、明治大学、一九九六年
寺島善一『評伝 孫基禎——スポーツは国境を越えて心をつなぐ』社会評論社、二〇一八年
長橋芙美子『言葉の力で——ドイツの反ファシズム作家たち』新日本出版社、一九八二年
中村哲夫「IOC会長バイエ＝ラトゥールから見た東京オリンピック」、坂上康博／高岡裕之編著『幻の東京オリンピックとその時代——戦時期のスポーツ・都市・身体』所収、青弓社、二〇〇九年
ヘンリー・ペリング『イギリス労働組合運動史 新版』大前朔郎／大前真訳、東洋経済新報社、一九八二年
山口知三『ドイツを追われた人びと——反ナチス亡命者の系譜』人文書院、一九九一年

あとがき

本書は、青弓社の編集担当者・矢野未知生さんの英断によって出版されることになった。二年前に学友の坂上康博さん（一橋大学）の紹介で青弓社を訪れたとき、私は三十年間に執筆してあった原稿を持ち込んだ。私の原稿に目を通してくださった矢野さんの予測では四百ページを超える本になってしまい、市販には適さないということだった。そのとき私は大幅に書き直して縮小する必要があるかと考えていた。しかし、私の予想に反して、矢野さんは原稿を二つに分けて二冊の本にして出版しましょうと言ってくださった。本当にありがたい決断だった。

その結果、一冊目は二〇一九年四月に青弓社から『イギリス労働者スポーツ運動史――一九二三―五八年』として出版された。本書『ベルリン・オリンピック反対運動――フィリップ・ノエル＝ベーカーの闘いをたどる』はその続篇にあたる。

本書のもとになった論文は以下のとおりだが、それぞれ字句と文章表現の訂正のほかに、新たに必要な文献や史料を検討して加筆した。序章と終章は本書のために新たに書き下ろした。

第1章は、「イギリスにおけるベルリン・オリンピック反対運動（一九三五―一九三六年）――労働者スポーツ組織の主導的役割について」（「尚美学園短期大学研究紀要」第十号、尚美学園短期大学一般教育部、一九九六年)。

第2章は、「苦悩するノエル＝ベーカー――一九三六年ナチ・オリンピックへの抵抗」(一橋大学大学教育研究開発センター「人文・自然研究」第二号、一橋大学大学教育研究開発センター、二〇〇八年)。

補論は、「資料解題――ノエル＝ベーカー文書に収められた亡命者のナチ・スポーツ情報資料」(「尚美学園短期大学研究紀要」第十二号、尚美学園短期大学一般教育部、一九九八年)。

第3章は、「イギリス反ファシズム・スポーツ運動へのウォルター・シトリーンの関与について」(日本体育学会体育史専門分科会「体育史研究」第十九号、日本体育学会、二〇〇二年)。

本書は、一九三六年のベルリン・オリンピックに反対したイギリスの運動について論じたものだが、その運動を主導したイギリス労働者スポーツ協会によるベルリン・オリンピック反対運動の経緯をまずは扱い、そののちに二人の重要な人物、フィリップ・ノエル＝ベーカーとウォルター・シトリーンに焦点を当てて、この運動をめぐる国際的な人的交流や運動の一端を明らかにした。

日本はもとよりイギリスでも歴史研究の対象として扱われてこなかった課題であるために、本書がイギリス現代史研究にいくばくかの貢献ができれば幸いである。

また、この間の東京オリンピック・パラリンピック招致・開催をめぐる議論に関しても、オリンピック運動を生涯重視したノエル＝ベーカーのベルリン・オリンピックに対する思想と行動は、重要な示唆を与えるものと思う。

ところで、この「あとがき」を書く少し前に、新型コロナウイルス感染症の世界的大流行(パンデミック)のもとで東京オリンピック・パラリンピック開催延期問題がテレビ、新聞などで連日話題になっていた。この問題も見過ごせないものであり、ノエル＝ベーカーが存命ならば、どんな発言をしたか興味深いところである。筆者が感じたことを以下に記しておきたい。

国際オリンピック委員会（ＩＯＣ）は、三月三十日、東京オリンピック・パラリンピックの一年延期を決定し発表した。しかし、この決定には以下のような問題が伏在している。詳細を省いて問題点だけを指摘すれば、第一に、オリンピック憲章によれば、競技大会の延期は総会での議決を経なければならないと規定されているにもかかわらず、臨時総会の決定を経ずにＩＯＣ理事会で合意したこと、第二に、安倍首相がトーマス・バッハ会長に直談判して延期を了承させたこと、第三に、アスリートの要望を聞くことなく決定したこと、第四に、選手や観客などの熱中症が心配され、しかも選手の能力発揮が困難な東京での夏開催が変更されなかったこと、が挙げられる。

二〇二一年夏までにこの感染症が収束するという科学的根拠もないままに、安倍首相とバッハ会長とのトップ会談で開催延長に合意したことは、今後のオリンピック・パラリンピック運動に禍根を残したと言えるだろう。民意とずれた決定に疑問を感じざるをえない。

本書もまた、編集作業の過程で矢野さんには大変お世話になった。感謝する次第である。

最後に、本書の出版にあたって武蔵野美術大学の出版助成金を活用させていただいたことを感謝とともに記す。

二〇二〇年四月、全世界で猛威を振るっている新型コロナウイルス感染症が終息することを願う。

［著者略歴］
青沼裕之（あおぬま ひろゆき）
1958年、長野県生まれ
武蔵野美術大学教授
専攻はイギリススポーツ史
著書に『イギリス労働者スポーツ運動史——一九二三—五八年』（青弓社）、共著に『体育・スポーツの近現代——歴史からの問いかけ』（不昧堂出版）、『幻の東京オリンピックとその時代——戦時期のスポーツ・都市・身体』（青弓社）など

ベルリン・オリンピック反対運動《はんたいうんどう》
フィリップ・ノエル゠ベーカーの闘いをたどる

発行——2020年5月25日　第1刷
定価——2600円＋税
著者——青沼裕之
発行者——矢野恵二
発行所——株式会社青弓社
〒162-0801 東京都新宿区山吹町337
電話 03-3268-0381（代）
http://www.seikyusha.co.jp
印刷所——三松堂
製本所——三松堂

ISBN978-4-7872-2089-9　C0020